JN023557

コーヒーがないと生きていけない!!

毎日がちょっとだけ変わる楽しみ方

岩田リョウコ

アメリカで一番有名なコーヒー愛好家

CAN'T LIVE without COFFEE

LITTLE WAYS TO MAKE YOUR DAY BETTER WITH COFFEE

大和書房

コーヒーとの最悪な出会い

ただいまっ！
誰もいない……

おなかペコペコで
キッチンを物色すると……
おなかすいた！

発見！
冷やごはんと麦茶

＝ お茶漬け！

ごはんと麦茶を
あたためて
いただきまーす！

秒でわかった
麦茶ではない味
ごはんと
最悪のハーモニーを
口の中で奏でる
こいつはコーヒーだ！
なんじゃこりゃ！

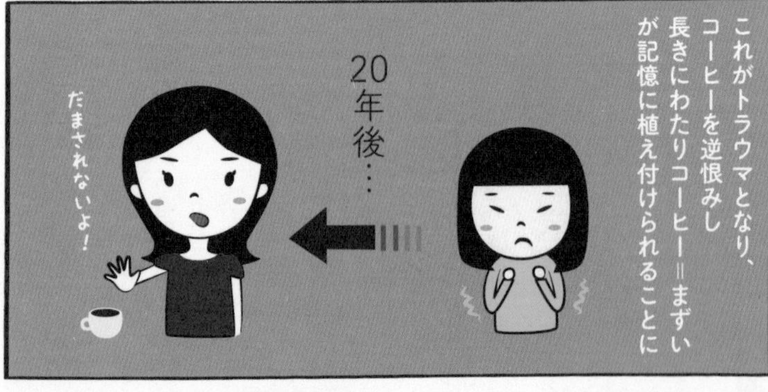
これがトラウマとなり、
コーヒーを逆恨みし
長きにわたりコーヒー＝まずい
が記憶に植え付けられることに
20年後…
だまされないよ！

29歳、シアトルに引っ越し
HELLO SEATTLE!

シアトルの人は
とにかくコーヒーを
どこでも飲む！
めっちゃ
飲むなぁ

かたくななわたしは
いや、だまされない

でも
ついにある日、
シアトルに
心を開く
とにかく飲んでみて
そんなかわいい絵描いちゃって
どうせ苦くてマズいだろうけど、シアトル人がそんなに言うなら

30歳、コーヒーに出会う
うまいがなっ！
わたし、三十路までなにしてたの!?

それからというもの
コーヒーに惚れこみ
コーヒーを飲みまくり
コーヒー旅をしまくり
コーヒーがないと
生きていけない
人生になりました
20年のブランク、取り戻す！

はじめに

人間の体の60％は水分といわれていますが、わたしの場合はたぶん60％コーヒーのような気がしています。朝起きてまず、コーヒーを飲まないとコーヒーを作ることさえできない。それで解決策としてたどり着いたのが、毎朝起きてすぐにお湯を注ぐだけのインスタントコーヒーを飲むこと。それから、もう一度お湯を沸かし、ちゃんと豆を挽き、ドリップしてコーヒーを淹れるんです。コーヒーがないと人間として作動しません。まさに「コーヒーがないと生きていけない」のです。

でも考えてみるとシアトルで暮らしはじめるまでの30年間、コーヒーなしで生きていたんですよね。いったいどうやって朝仕事へ行けていたのか、そしてどうやって機嫌よくひとと話せていたのか、自分のことなのにまったく説明できません。よくやっていたなと思います。

こうして、そこそこ歳をとってからコーヒー好きになったので、それまでの失われた時間を取り戻すかのように、コーヒーのことを学び、飲みまくり、おいしいコーヒーがあると聞けばコーヒー旅にでかけたりしているうちに、アメリカでコーヒーの本を出すことになり、それがいろいろな言語に翻訳されて……といつの間にか「コーヒーの人」になっていました。

とはいえ、わたしは飲む専門。一応、おうちでコーヒーは淹れますし、器具も一通りそろってはいますが、とにかく計るのが面倒なズボラ。そのうえ、抽出が待てないせっかち。もちろんそんなわたしが作るコーヒーは特においしいわけでもなく……。しかし誰も予想しなかったクレイジーな2020年がやってきて、おうちでコーヒーを淹れることも多くなったので、ここはひとつ、ズボラとせっかちを脱ぎ捨て、もう一度しっかり淹れ方を勉強しようじゃないか！　そしてそれがみなさんのコーヒー時間をよりおいしいものにできたら、という想いでこの本を書きました。

もっとコーヒーがおいしくなるための「見る」「学ぶ」「飲む」「知る」「巡る」の5つのテーマで書いてみました。どこから読みはじめてもらっても大丈夫。そしてわたしのように遅咲きのコーヒー好きさんも、子どものころから飲んでいる年季の入ったコーヒー好きさんもみんな楽しんで読んでもらえたらいいなと思います。

みなさんのコーヒーの時間がより楽しく、おいしく、うれしくなりますように。

岩田リョウコ

CONTENTS

Chapter 1 コーヒーはたのしい

Chapter 2 コーヒーの基本

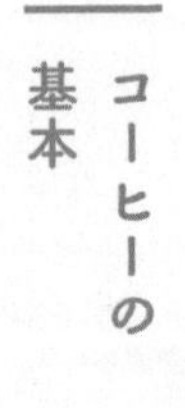

Chapter 3
おうちでコーヒーをたのしむ

Chapter 4
コーヒームーブメントを解剖!

Chapter 5
コーヒーを飲みに行こう！

Chapter
1

コーヒーはたのしい

COFFEE IS FUN

好きなものや好きなひとのことは、自然と知りたくなってしまうもの。コーヒーが好きだからこそコーヒーのこと、もうちょっと知りたい………。でも難しい科学的なこととか、細かいことを言われても頭がこんがらがっちゃう。わかりますよ、でも大丈夫です。まずは絵で見て、身近にあるコーヒーのことから楽しく知っていきましょう。

絵で見て早わかり、コーヒーの種類

「とりあえずラテ」を卒業してみよう

カフェでカタカナや英語が並んでいるメニューを見ては「ああっ！　もうわかんないからラテでいいや！」っていう気持ちになるの、よくわかります。せっかくなので、まずはこの横文字オンパレードを絵で克服することからはじめましょうか。そして今度カフェに行ったら、新しいドリンクをさらりとオーダーしちゃいましょう。

苦めが好きな人におすすめ

Basic Drinks

ESPRESSO
【エスプレッソ】

苦さ ●●●●　甘さ ●○○○　濃さ ●●●●

本当に美味しいエスプレッソって甘いんです

DOPPIO
【ドッピオ】

苦さ ●●●●　甘さ ●○○○　濃さ ●●●●

ガツンと目覚めたい時に

ロングブラックとの
違いはエスプレッソを
先に入れること

AMERICANO
【アメリカーノ】

苦さ ●●●○ 甘さ ●○○○ 濃さ ●●○○

シアトルのLighthouse Roastersの
アメリカーノは絶品

LONG BLACK
【ロングブラック】

苦さ ●●●○ 甘さ ●○○○ 濃さ ●●○○

ロングブラックの本場はオーストラリア

DRIP
【ドリップ】

苦さ ●●●○ 甘さ ●●○○ 濃さ ●●○○

やっぱりブラックが一番落ち着きます

RED EYE
【レッドアイ】

苦さ ●●●● 甘さ ●○○○ 濃さ ●●●●

目が赤くなるほどカフェインを
注入したいときに

ひとことENGLISH エスプレッソのショットをください。 Can I get a shot of espresso?（キャナイ ゲット

プラスミルクでやさしい味　+ Milk Drinks

CAFÉ LATTE
【カフェラテ】

苦さ ●○○○　甘さ ●●●○　濃さ ●●●○

シアトルのLadroのラテを飲んでみて！
ラテ観変わります

CAPPUCCINO
【カプチーノ】

苦さ ●○○○　甘さ ●●●○　濃さ ●●●○

ほっこりしたい時はやっぱりカプチーノです

FLAT WHITE
【フラットホワイト】

苦さ ●○○○　甘さ ●●●○　濃さ ●●●○

ラテともカプチーノとも違うんです。
オーストラリアの飲み物

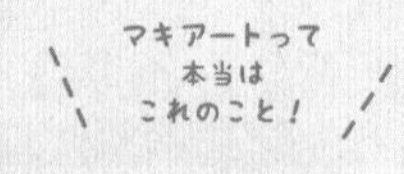

MACCHIATO
【マキアート】

苦さ ●●○○　甘さ ●●○○　濃さ ●●●○

甘い飲み物っていう間違った概念
ついてません？　これが本物

MAROCCHINO
【マロッキーロ】

苦さ ●●●○ 甘さ ●●●○ 濃さ ●●●○

イタリア人っぽく一気にクイっと飲むのが粋

CAFÉ MOCHA
【カフェモカ】

苦さ ●●○○ 甘さ ●●●○ 濃さ ●●●●

エスプレッソの苦さが苦手な人は、
カフェモカからはじめてみて

CORTADO
【コルタード】

苦さ ●○○○ 甘さ ●●○○ 濃さ ●●●○

諸説ありますが、
ミルク1：エスプレッソ1の割合

CAFÉ AU LAIT
【カフェオレ】

苦さ ●○○○ 甘さ ●●●○ 濃さ ●●●○

ミルク多めでやさしい味なので
コーヒーの導入口的ドリンク

ひとことENGLISH マキアートの中ってなにが入ってますか？ What's in a macchiato?（ワッツ　イン　ア

世界が広がる個性派 **Unique Drinks**

バニラ
アイス
エスプレッソ

BREVE
【ブレベ】

苦さ	甘さ	濃さ
●○○○	●●●○	●●●●

クリームとミルクがかなり重めで
初めて飲んだときはびっくり！

AFFOGATO
【アフォガート】

苦さ	甘さ	濃さ
●○○○	●●●●	●●●●

甘いのも苦いのも両方飲みたい気分
っていう夢をかなえるのがこれ

BICERIN
【ビチェリン】

苦さ	甘さ	濃さ
●○○○	●●●●	●●●●

某フラペチーノ系ドリンクの元祖的な感じ。
ホットで飲みます

ESPRESSO CON PANNA
【エスプレッソコンパナ】

苦さ	甘さ	濃さ
●○○○	●●●●	●●●●

エスプレッソが主役だけど、
ちょっと甘めにできるドリンク

IRISH COFFEE
【アイリッシュコーヒー】

苦さ ●○○○ ｜ 甘さ ●●●○ ｜ 濃さ ●●●●

お酒とコーヒーとデザートが一気に味わえる
欲張りドリンク

CORRETTO
【コレット】

苦さ ●●○○ ｜ 甘さ ●●●○ ｜ 濃さ ●●●●

甘めのリキュールを入れると
エスプレッソと相性がいいです

FRAPPE
【フラッペ】

苦さ ●○○○ ｜ 甘さ ●●●● ｜ 濃さ ●●●●

ギリシャのアイスコーヒー。ギリシャでは
インスタントコーヒーで作られます

YUANYANG
【ユンヤン】

苦さ ●○○○ ｜ 甘さ ●●●● ｜ 濃さ ●●●●

あまーい香港式ミルクティーが
エスプレッソで引き締められてます

 ひとことENGLISH なんのリキュールがコレットにはおすすめですか？ What kind of liquor do you

知ってると通っぽい？

まず知っておきたい コーヒーの疑問

これまで聞かれたことのある「ずっと疑問だったんだけど……」という代表的な質問を集めてみました。わたしもなんとなくわかっているようで、じつはよくわかってなかったことってたくさんあって、疑問に思ったらその都度調べてきました。みなさんの疑問、ここで全部スッキリ解決しちゃいましょう。

Q1

エスプレッソとドリップの違いは？

カフェに行くとシュワー！　と勢いよく湯気を出している機械ありますよね。あれがエスプレッソマシーンです。エスプレッソは細かく挽いたコーヒー豆に沸騰したお湯の圧力を使って一気に濾して作られます。少ない水で抽出するので、うま味が凝縮された深いコクのある味わいに。圧によって「クレマ」と呼ばれる茶色のクリーミーな層ができます。ラテやカプチーノはエスプレッソとミルクを混ぜて作るドリンクです。

ESPRESSO
エスプレッソ

DRIP
ドリップ

一方、ドリップはバリスタさんがリズムよくケトルでお湯を注いで作っているアレです。ポットがついている電動のコーヒーマシーンも同じくドリップ。中挽きのコーヒー豆にフィルターを使ってお湯を注いで作られます。コーヒーの成分をゆっくり抽出するため、豆本来の持ち味を引き出せる飲み方です。

知っていると、
もっとコーヒーを
楽しめるよ

Q2

コーヒーは依存性があるってホント？

医学的には、カフェインが体から抜けるときに眠たくなったり、頭が痛くなったりする、いわゆる「カフェイン離脱」という症状がありますが、2〜3日でなくなるとのこと。カフェインの耐性が強くなることはありますが、精神的・肉体的な依存性はないそうです。安心して飲んでください！

参考文献：Journal of Caffeine Research

Q3

コーヒーで不眠症になる？

コーヒーを飲むと寝られなくなるというイメージがありますが、カフェインはだいたい4〜6時間くらいで体内から消えていきます。なので寝る前に飲まない限りコーヒーで不眠症になることはありません。それにカフェインはセロトニンなどの神経伝達物質を増加させるので、抗うつ剤の役割もあるんだそう。1日2〜4杯のコーヒーが自殺率を下げるという研究結果も。心が疲れたときにはやっぱりコーヒーですね。

参考文献：The Harvard Gazette

Q4

コーヒーは二日酔いにいいらしい？

コーヒーを飲みまくって二日酔いを治そうとしてもムダです。効果、ゼロです。でもコーヒーはアルコールでダメージを受けた肝臓を守ってはくれます。1日4杯のコーヒーで肝硬変になる確率が65％も下がるそうです。ありがとう、コーヒー！

参考文献：Alimentary Pharmacology and Therapeutics

あなどるなかれコンビニコーヒー

数百円で大満足！　コーヒー好きも愛飲！

日本って本当に便利です。１００円で挽きたて・淹れたての結構なクオリティのコーヒーが実質ほぼ24時間好きなときに飲めちゃうんですから。わたしは、特にどこがお気に入りということはなく、コーヒーが飲みたいタイミングで近くにあったコンビニで飲んでいます。今回、せっかくなので３大コンビニを調査してみました。

セブン−イレブン

いまさら説明する必要もないほど浸透しているコンビニコーヒー。一応手順を説明すると、セブン−イレブンではレジでカップを購入して、マシンで自分で淹れる形式。2018年末に導入された新しいマシンではカップを入れると自動的にサイズを検知し、ボタンを押すと挽きがはじまります。そのあとドリップで抽出です。じっとコーヒーが落ちてくるのを待ちます。せっかちなわたしはよく「はい、もういいかな！」と扉を途中で開けようとしますが、しっかりロックされています。

すっきりバランスの取れた味

TASTE

シンプルにおいしいです。バランスが取れた味ですっきりクセがなく飲みやすいです。冷めても結構おいしくいただけるのが嬉しい。

FamilyMart

ファミリーマート

セブンと同様、レジでカップを購入、自分でマシンで抽出という要領。ファミマは2018年までエスプレッソ抽出でしたが、いまはドリップ抽出に変更になり味もガラリと変わりました。ブレンドには濃さが2パターンあり、さらにブレンドとスペシャルティコーヒーのチョイスまでできちゃいます。ドリップ以外には抹茶ラテやフラッペなども作れます。

どっしりした深い味

TASTE

エスプレッソ抽出のときはライトな柑橘系だったのですが、いまは結構どっしり重めの味。苦めが好きな方におすすめですね。

LAWSON

ローソン

ローソンは他の2店とは少し勝手が違います。セルフでマシンを使って淹れるのではなく、レジでコーヒーを頼むと、お店の人が淹れてくれます。エスプレッソ抽出なのでドリップというよりは、お湯とあとから混ぜるアメリカーノっぽい感じです。エスプレッソができるマシンなので、ラテ、モカ、ダブルエスプレッソラテなどがメニューにあります。

柑橘系のさわやかな味

TASTE

いちばん顕著なのは香り。カップに口をつけるとふわっといい香りがします。エスプレッソ抽出ですが、他よりも酸っぱめです。

 ひとことENGLISH どこのコンビニコーヒーが好きですか？ Which convenience store coffee do you

シアトル在住だったから、その魅力を伝えたいのです！

スターバックス リザーブ® 試してないならいますぐ飲んで！

わたしが住んでいたシアトルには、ものすごい数のスターバックスがあります。その数133軒。スターバックス生誕の地ということで、日本のコンビニ……いやそれ以上で数メートルに1店舗現れるという感じです。

大手のチェーン店だし、コーヒーではなくアイスクリームのような飲み物を買う場所（すいません）というイメージを勝手に持っていたので、コーヒーを飲むときはほとんど独立系の小さなカフェに行っていました。

STARBUCKS RESERVE

星とRのロゴが店舗についていれば、リザーブがある証し。

ところが！　ある日、家から一番近いスタバのウィンドウに「R」という文字を見つけました。なんだろうと思って偵察に行き、わたしの悪い方に傾いていたスタバへの偏見がころっとひっくり返りました。それが「スターバックスリザーブ」です。

スウィーツ系だと思っていてゴメンなさい！

スターバックス リザーブ®とは？

どう違う？

シアトルのスターバックス本社。

アメリカで2010年ごろからスタートしたプログラムで、お客さん自らが高品質のシングルオリジンの豆と抽出方法を選んで、一杯ずつ丁寧に淹れられたコーヒーをその体験とともに楽しむというもの。2014年のシアトル既存の限られた店舗のみで展開されていましたが、巨大なリザーブのロースタリーが世界各国に作られはじめています。東京にもロースタリーが2019年にオープン。

なにがいい？

「ドリップください」と言って保温ポットから注がれたものを飲む、というただの消費とはまったく異なり、豆の特徴が書かれたカードを読んで豆を選び、それに合わせて抽出方法も選ぶという、自分で学んで自分でチョイスしていくという体験ができるんです。当時、カフェで出されたコーヒーをただ飲んでいたわたしにとってはかなり衝撃的でした。そして味も同じくいい意味で衝撃的。「コーヒーってこんなに味に幅があるんだ！」とびっくりしたものです。

クローバーをぜひ試してほしい

わたしが衝撃を受けた最初の一杯はクローバー（CLOVER）というマシンで淹れられたもの。じつはこのマシン、ニューヨークのとあるカフェに置いてあり、たまたまそのカフェを訪れたスターバックスCEO（当時）のハワード・シュルツさんがそのマシンで淹れられたコーヒーを飲んで、わたしと同じく衝撃を受け、スターバックス リザーブ®に取り入れたという経緯があります。その豆の個性を最大に引き出すための抽出時間や温度がデジタルで設定されていて完璧な一杯を作り出してくれる、というものです。ぜひぜひお試しください。

1台100万円超えというクローバー。

ひとことENGLISH スターバックスのリザーブコーヒーを飲んだことありますか？ Have you tried

スターバックス リザーブ® ロースタリー 東京

コーヒー好きの「夢の国」へ行ってきた

コーヒーをただ飲むのではなく、体験できる場所、それがこちらです。コーヒー界のディズニーランドのような場所。1店舗目は2014年シアトルのダウンタウンに。それから上海、ミラノ、ニューヨークと増えて、2019年に東京にもやってきました。

INFORMATION
東京都目黒区青葉台2丁目19-23　営 7:00～23:00（L.O.22:30）

一見、科学研究所のようですが正真正銘のカフェです（笑）。

正面にはメインバー、右手には大きな焙煎機。店内に張り巡らされたパイプの中を豆が移動しています。中央にそびえるのは巨大なキャスク。豆を貯蔵するな

扉を開けると科学研究所のような空間が広がります

バリスタと話ができるように作られたバーカウンター。

4階までそびえ立つ巨大な銅でできたキャスク。

巨大な焙煎機は一度に120kgまで焙煎できます。

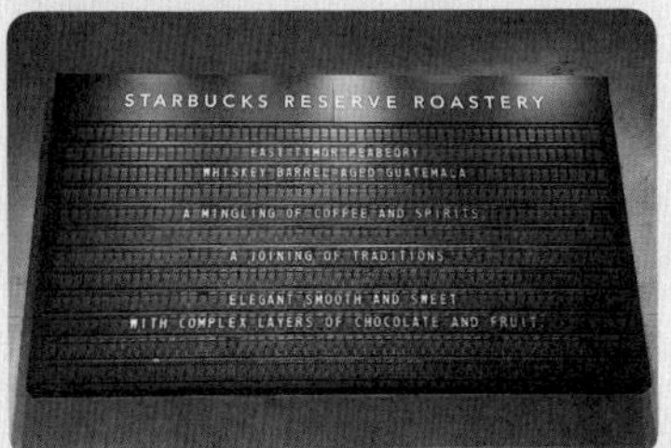

列車の時刻表のようにカタカタと文字が出ます。

ど、コーヒー焙煎に必要な装置がある場所です。そしてカタカタと聞こえてくるのは、外国の列車の駅にあるような掲示板。音を立てて文字が並び焙煎されている豆の名前が表示されます。五感フル活動で楽しめる見どころいっぱいです。

メニューの
えらび方

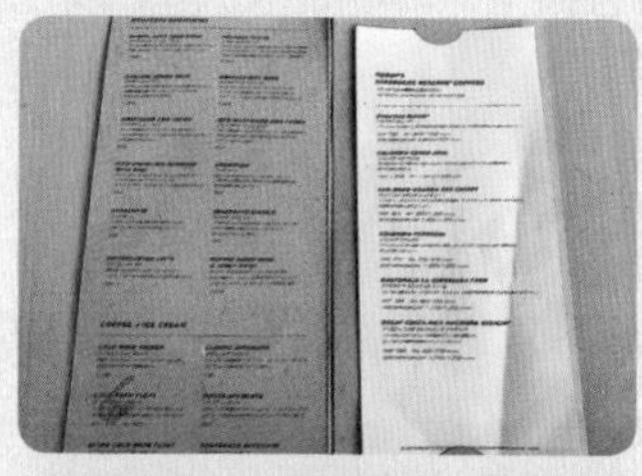

メニューには淹れ方、ドリンクの特徴の説明が記載。

MENU

前のページでお話ししたように、豆と抽出方法を自分で選びます。でもいきなりそんなのハードル高すぎてオロオロしちゃいますよね。そんなときは目の前にいるバリスタさんに聞いてみましょう。好みを聞き出してぴったりの豆と淹れ方をおすすめしてくれるはずです。せっかくだからいろいろ試したい方は「フライト」を頼みましょう。小さいカップで3つの産地の豆を同じ抽出で淹れてくれるので、味の飲み比べができます。

パンや
ペイストリー
も充実

PRINCI®

１Ｆ奥にイタリアのベーカリー、プリンチがあります。パンとコーヒーはベストフレンドだって第3章でもお話ししますが、まずはプリンチの焼き立てのパン、ぜひ食べていただきたい。じつはわたしがプリンチのパンをはじめて食べたのはロンドン。街中歩き回っておなかペコペコでたまたま入った店がプリンチでした。おなかが減っていたこと、外国だったことも相まっていままで食べたパンで一番うんまい！　と感激した思い出があります。ケーキやペイストリーも普通のスターバックスの店舗では見られないものばかり。全部食べたくなってしまう！

朝ごはんはベイグドエッグ in プルガトーリ。

2F

TEAVANA™

窓に面したティー・バーからは春には目黒川の桜が目の前に。

２Ｆはなんとお茶！　スターバックスはお茶のラインもあるんです。コーヒー同様選ぶのが大変なくらいのセレクション。こちらもバリスタさんが詳しく紹介してくれるので、相談しながら選べます。

3F

ARRIVIAMO BAR

またまたびっくりです！　３Ｆはなんとお酒！　普通のカクテルなどに加えて、エスプレッソマティーニなどコーヒーやお茶をアレンジしたカクテルも。もちろんこちらのバーでもコーヒーやケーキをいただくことも可能。３Ｆには目黒川を見下ろすオープンテラスも。桜の季節は争奪戦になりますね。

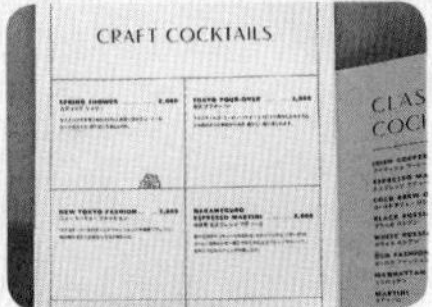

エスプレッソマティーニは苦味・甘み・なめらかさの融合体。

4F

AMU TOKYO

階段の壁には5000枚のリザーブコーヒーカードが。

４Ｆは焙煎された豆を袋詰めするコーヒーパックライン と AMU INSPIRATION LOUNGEがあります。こちらではセッションやイベントを通じて人とアイディアを「編む」ための場所なんだそうです。

ひとことENGLISH　コーヒーフライトをおすすめします。 I suggest you try the coffee flight.（アイ　サジェ

コーヒーの歴史とトリビア

毎日25億杯飲まれている!?

何百年もの長い間、世界中で飲まれているコーヒー。人種や国を問わず愛され続けるコーヒーに歴史あり！　ということで、世界のコーヒーにまつわる「へぇ～」を集めてみました。ちなみに日本には江戸時代初頭、長崎の出島に入ってきたのが最初とされています。でも苦味がきつく、当時の日本人にはなかなか受け入れられなかったそうですよ。

世界コーヒー消費量ランキング TOP 5

参考文献：World Population Review

毎年順位の入れ替えはあったりしますが、やはり北欧強しです。フィンランドの人はめちゃくちゃコーヒー飲みますから、最初に訪れたときはびっくりしました。北欧の冬は暗くて長い極夜が何ヵ月も続きます。だからコーヒー量が増えるのではないかとわたしは思っています。

ちなみに日本の消費量は意外と少なくランキング圏外

世界で毎日飲まれているコーヒーの量

水やお茶、ビールとともに世界中で愛されているからこそのこの量！　わたしも１日５杯は飲んでいるから、だいぶ貢献している!?（笑）　そしてわが同志、さすが世界のコーヒーLOVERたち！

世界初のコーヒーフィルター

その人の名前は「メリタ」さん。あ、ピンときました？　いまや世界を代表するコーヒーメーカーとフィルターのトップメーカーMelittaの創設者です。

コーヒーに
罪はないよ
王様！

1675年イギリス国王はカフェを禁止！

チャールズ２世が「コーヒーハウス禁止令」を発令。当時イギリスのコーヒーハウスは世論や文化を形成する情報交換の場でした。たくさんの人が集まり政治談議をするので、怖くなった国王がコーヒーハウスを禁止してしまいました。

アメリカーノは第二次世界大戦中に生まれた

第二次世界大戦中にイタリアに駐留していたアメリカ軍がいつもドリップコーヒーに使っていたコーヒー豆を節約するために、エスプレッソショットをお湯で薄めて飲みはじめたのがはじまりといわれています。

コーヒーは世界第２位の貿易取引物

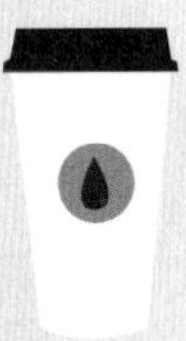

石油に続き２番目の貿易高をあげているのがコーヒー。１日に約25億杯飲まれているコーヒーですから、納得です。

ひとことENGLISH　1日に何杯コーヒーを飲みますか？ How many cups of coffee do you drink a day?（ハ

世界珈琲昔ばなし

コーヒーっていったいどこからやってきて、どうやって飲み物になったの？

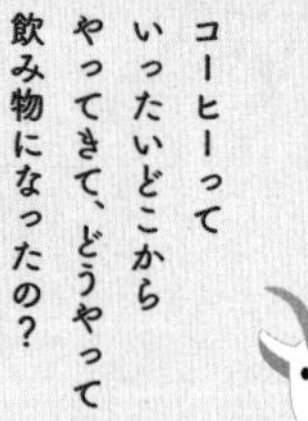

昔々、そのまた昔、
9世紀のエチオピア。
カルディ（KALDI）
というヤギ使いが
いました。

カルディはある日、
コーヒーの木になっている
赤い実を食べたヤギたちが
はしゃぎまくっていることに気づきました。

踊るヤギか、なかなかおもしろい。
いや待てよ、なんで踊っているんだ、
なんなんだあの実は。
俺も食べてみよう。

カルディはその魔法のような実を
僧侶たちに分けようと持っていきました。

すると火の中でローストされたコーヒー豆がいい匂いを放ちはじめます。
もちろん僧侶たちもコーヒーの香ばしい香りに
勝つことはできません。

し、しょうがないな。
この実にもう一度チャンスを
やろうじゃないか

ほらね！

このように
何十世紀にもわたって
わたしたちの心を
つかみ続ける飲み物、
コーヒーが生まれたというわけ。
伝説によると、ですが。
とにかく踊るヤギさんたちに
感謝ですね。
めでたしめでたし。

おしまい

参考文献：A History of Food 2nd. ed. 2008, “Coffee in Legend”

 ひとことENGLISH カルディの伝説、知ってますか？　Do you know the story of Kaldi?（ドゥーユー　ノー

究極、コーヒーがあればいい

I LOVE ANY COFFEE!

コーヒーのことを書きはじめたのが2012年なので、かれこれ8年。いろんなコーヒーを飲んで、いろんな場所や国へコーヒーを飲みに行きました。この仕事をしていると、ありがたいことにコーヒーをいただく機会もよくあって、だいたいみなさん「コーヒーの本を書いている方だから、あまりお口に合わないかも」なんて言いながら渡してくれてるんですが、ちょっと待った！

びっくりされるかもしれませんが、わたしは缶コーヒー、インスタントコーヒーからシングルオリジンまでコーヒーという名であればなんでも飲みます。

たとえば、月曜にアメリカのロースタリーから送ってもらった豆を自分で挽いてドリップしていたかと思えば、火曜には執筆中にお湯で溶けるインスタントコーヒーをエンドレスに飲み続け、水曜には電車で1時間かけておいしいと聞いたカフェに行き、木曜には友達の家でよくわからないコーヒーを淹れてもらい、金曜にはエチオピアの農園で大事に育てられたシングルオリジンを飲むという、まるで一貫性のないコーヒー好き。

人に淹れてもらうコーヒーはやっぱりおいしいですし、ほっと一息ついて丁寧に淹れるコーヒーも、ずっと飲み続けられるインスタントも、わたしにとっては全部愛すべきコーヒー。

究極、ないよりあればいい。だからコーヒーをもらえるなんて、わたしにとってはスーパー棚ぼた級のうれしすぎるサプライズプレゼントなのです。

COFFEE 1 COLUMN

Chapter

2

コーヒーの基本

BASICS ABOUT COFFEE

コーヒーを見て知るウォーミングアップが終わったところで、次はちょっとレベルアップします。コーヒーっていったいなんなの？　というところから、どこからどんな旅をして日本にいるわたしたちのカップまでたどり着いているのかなど、ぼんやりと知っているようで知らないコーヒーについて、ここで一緒に学んでいきましょ！

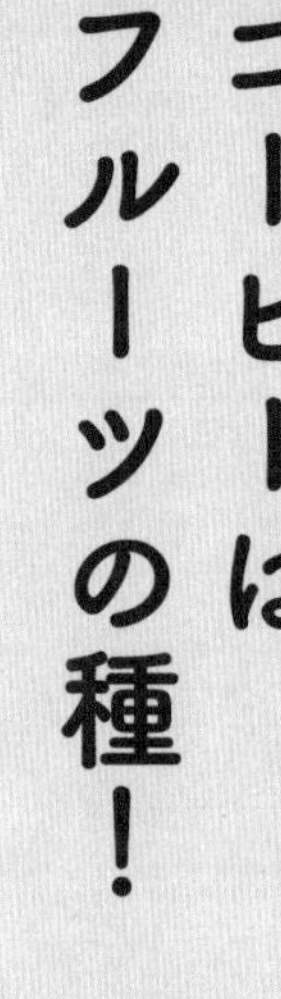

なんと我々、種子を飲んでいたんです。茶色くて香ばしいコーヒー豆は、コーヒーノキになる「コーヒーチェリー」と呼ばれるさくらんぼみたいな果実の種子なんです。種子がこんなにおいしい果実、コーヒー以外にありますか!? 言ってみれば、奇跡の種子です。まずはコーヒー豆が生まれる前の姿から巻き戻して見ていきましょう。

Coffee Tree

【コーヒーノキ】

コーヒー豆が生まれる木とは？

コーヒー豆は「コーヒーノキ」という木から生まれます。その姿は、バナナっぽくて南国的。10ｍ超えのものもありますが、農園では低めの２ｍくらいで剪定されています。コーヒーノキは発芽から３～５年できれいな白い花を咲かせ、花が咲いたあと、緑色の実がなり、６～８ヵ月ほどで赤くなってきます。これがコーヒーチェリー！実が真っ赤になったころが収穫時期です。

ジャスミンのような香り

Coffee Cherry

【コーヒーノキの実】

植えて18～30ヵ月でやっと花が咲く

CUT IT OPEN

コレがコーヒー豆

コーヒーチェリーの中に種子がふたつ入っています。

コーヒーに酸味があるのは果物だからなんだ～

コーヒーチェリーの果肉部分をそっと切ってみます。中にネバネバの薄緑色の種子がふたつ並んで現れるのですが、これがコーヒー豆。この豆を取り出して火で焙煎すると、なじみのある、あのコーヒー豆の姿になります。

【生豆】

これを焙煎すると……

コーヒーは、チェリーの種！

残った果実はどうなるの？

ブラジルの農園へ行ったとき、果肉の部分を乾燥させて作るお茶「カスカラティ」をはじめて飲みました。甘酸っぱいサクランボのような、はたまたローズヒップのような、ほっぺがキュッとなる、そんな味です。日本でも購入できるので、また飲んでみたいですね。

ひとことENGLISH　コーヒー豆はフルーツの種なんです。 Coffee beans are actually the seeds of a fruit.

世界を横断して、たくさんの人の手で作られていた！

コーヒーの道のり——カップに注がれるまで

さてコーヒー豆の出どころはわかりました。コーヒー豆はカップに届くまで、結構な長旅をしています。わたしも、この長い旅路をはじめて知ったときはかなりびっくりしました！さて、どんな道をたどってきているのか追跡してみましょう。

START

コーヒー豆のスタートは木から

苗から木が育ち花が咲き実がなり、実が赤く完熟したらコーヒー豆への道のりスタートです。いままでコスタリカ、ハワイ、ブラジルの農園（P136で紹介）に行きましたが、もっともっと現地に行ってみたい！

COFFEE CHERRIES

HARVESTING

収穫

完熟コーヒーチェリーを収穫。収穫は3つの方法があり、機械、しごき、もしくは手摘みでおこなわれます。高地の農園だと手で摘むので収穫は本当に大変！農園のみなさん、ありがとうございます。

SELECTING

選別

収穫した赤いコーヒーチェリーから葉っぱや枝を取り除き、さらに完熟した実のみを選別します。これは手作業または機械でおこなわれます。農園のみなさんに感謝……。

PROCESSING

精製

精製とは、皮と果肉を取り除いて種子を取り出す作業です。種の取り出し方の違いで味も変わってくるなんてびっくり。とてもおもしろいですよね。

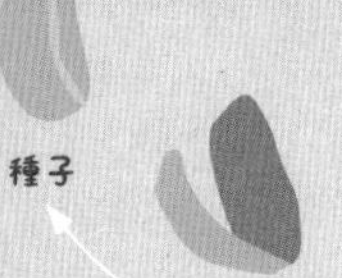
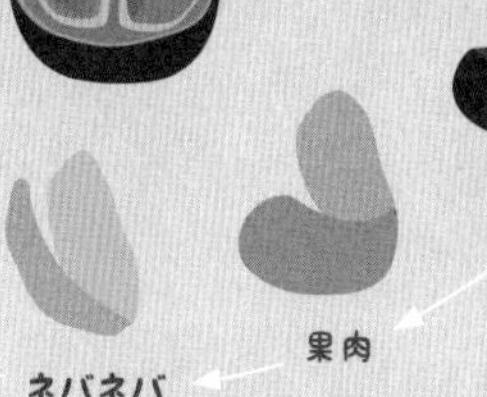

精製法は3種類！

どれが一番いいというのは、気候や、資本の差、作り手のポリシーで精製法が変わります。ラーメンでとんこつと醤油を比べるような感じなので、優劣をつけるのはナンセンス！

NATURAL【ナチュラル】

生豆をそのまま乾燥⇨脱穀
特徴：独特の風味と甘みがある／水の節約／環境にやさしい／天候に左右される

PULPED NATURAL【パルプドナチュラル】

機械で皮・実を除去⇨乾燥⇨脱穀
特徴：ふたつの方法の真ん中／バランスの取れた味

WASHED【ウォッシュド】

機械で皮・実を除去⇨水でネバネバ除去⇨乾燥⇨脱穀
特徴：クリーン／均一／設備が必要／水を大量に使用

甘みとボディがある味わい　　　　酸味すっきり、クリーンな味わい

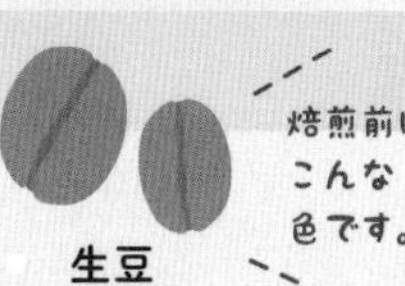

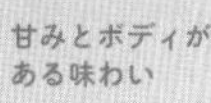

ひとことENGLISH　種がコーヒーカップに届くまでの旅　The journey from the seed to your cup.（ザ　ジ

CUPPING

カッピング

品質確認のため、農園で事前に出荷する豆を焙煎したのちカッピングして味の評価をします。わたしもブラジルの農園でカッピングしましたよ。

BAGGING

袋詰め

農園で大事に育てられた豆の旅立ちです。生豆は手作業または機械で、虫食いなどの欠点豆や異物が取り除かれて麻袋に入れられます。

工程が
たくさんで
びっくり！

さて
旅立ちです

TRANSPORTING

輸出

やっと日本へ。世界中のコーヒー産地から日本に送られてくる豆は生豆の状態です。麻袋に詰められ、ほとんどはコンテナで海上輸送されています。

ROASTING

焙煎

生豆を焙煎機で火にかけて煎ります。豆の個性と特徴を活かした焙煎をするのが焙煎士の腕の見せどころ。豆の成分が化学反応を起こして香り、苦味、酸味、甘みなどが生まれます。

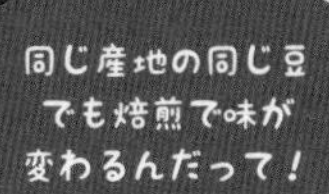

GRINDING

粉砕

豆を使う器具にあわせた挽き具合で電動や手挽きのいずれかでグラインドします。コーヒーの挽き方はあとでしっかり勉強しましょうね。

結構、手間暇
かかってます！

SERVING

注ぐ

コーヒーがカップに。そしてわたしたちのお口へ～！　やはり紙コップより陶器のカップがおすすめです。コーヒーが口に入る直前に鼻にフワッと香るのが好きです。

BREWING

抽出

コーヒーの抽出方法はいくつかあり、それぞれに特徴やメリットがあります。抽出に適したお湯の温度や豆の挽き方もまたそれぞれ違ってくるのですが、それについては3章で詳しく！

ひとことENGLISH　コーヒーの袋は船で運ばれます。 Bags of coffee are transported by ships.（バッグス

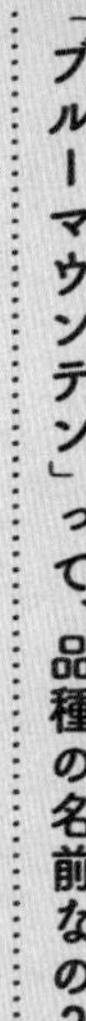

コーヒーの種類は大きくふたつ

コーヒー豆ができるまでが分かったところで、もう少しコーヒーノキのお話を。コーヒーノキはたくさん種類があるのですが、主に栽培種として利用されている木の種類はふたつ、アラビカ種とロブスタ種です。お米で言ったらジャポニカ米とインディカ米みたいな感じ。なのでブルマンやキリマンジャロは品種じゃなくてブランド名！

強い！

繊細！

Robusta
【ロブスタ】

Arabica
【アラビカ】

味は？

クセがあり、強い苦味

適度な酸味とマイルドな味

世界には100種類以上のコーヒーノキが存在しますが、コーヒーとして飲むことができるのはアラビカ、ロブスタの2種とリベリカ種（ほぼ流通なし）のみ。

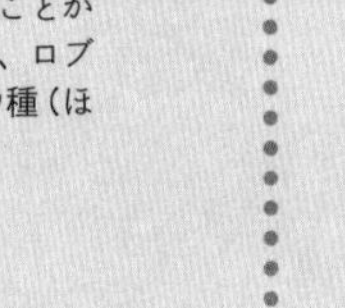

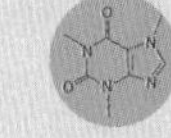

カフェインは？

1.7%～4.0%

0.8%～1.4%

ロブスタはアラビカの約2倍のカフェイン量が含まれているといわれています。ロブスタは味もカフェインもストロング系で、有名なのはベトナムコーヒー。濃くて苦いから練乳たっぷりで飲むんですね。眠気にも効くか試してみたい（笑）。アラビカはマイルドです。

世界流通は？

シェア約25％のロブスタはブレンドコーヒーやインスタントコーヒーに混ぜられていることが多いです。アラビカはスペシャリティコーヒーに使用されます。

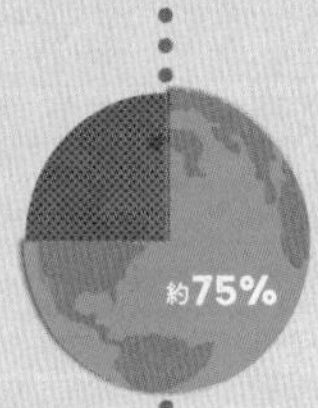

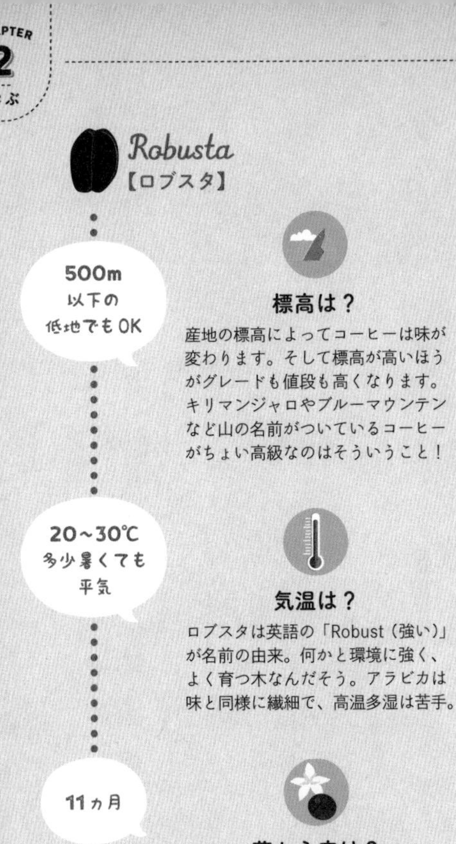

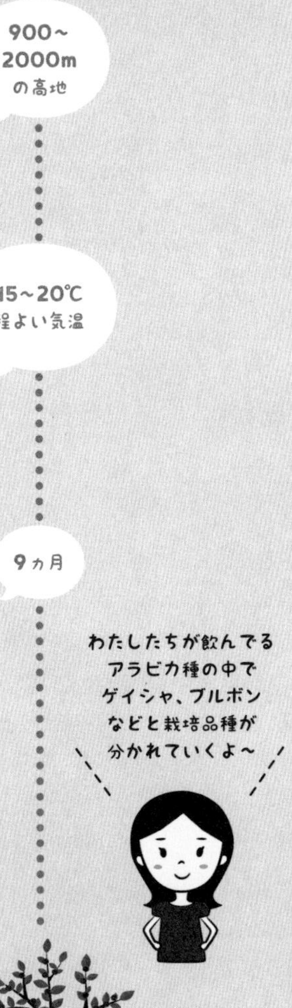

標高は？

産地の標高によってコーヒーは味が変わります。そして標高が高いほうがグレードも値段も高くなります。キリマンジャロやブルーマウンテンなど山の名前がついているコーヒーがちょい高級なのはそういうこと！

気温は？

ロブスタは英語の「Robust（強い）」が名前の由来。何かと環境に強く、よく育つ木なんだそう。アラビカは味と同様に繊細で、高温多湿は苦手。

花から実は？

コーヒーの花はなんと2日間しか咲かないのです。なので、わたしも見たことがありません。そして花が散ってしばらくして緑の実ができます。そこから赤いコーヒーチェリーになるまでさらに時間がかかります。

木の高さは？

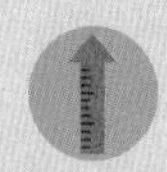

とにかくたくましいロブスタはぐんぐん育つので、10メートルを超えていきます。アラビカは3メートルほどですが、収穫しやすいように2メートルくらいに剪定されていることが多いです。

3～4m

ひとことENGLISH ブルーマウンテンはコーヒーのブランド名です。 Blue Mountain is a brand of coffee.

ガブガブ飲んでるけど、じつは貴重だった！

一本の木から飲めるコーヒーは約33杯!?

「え、すくなっ！」って思いましたよね。なんとなくたくさん飲めるイメージで、1本の木から100杯くらいは軽いだろうって思っていたので、知ったときはわたしもびっくりしました。これだけ少量だと知ったら一杯一杯大切に飲みたいと思うようになりました。

コーヒー豆は焙煎すると重量がさらに減る

完熟した赤い実のみを採取し、欠点豆は取り除かれるので、実際量が減ります。その後焙煎により水分が飛ばされ、さらに豆の重量が減ります。なので収穫量はこれよりずっと多いのですが、実際に使えるコーヒー豆はだいたい0.5〜1kgくらいになります。

40粒
エスプレッソ1杯に必要な豆は
およそ10gほど。

65粒
ドリップに必要なコーヒー豆は
およそ15g。

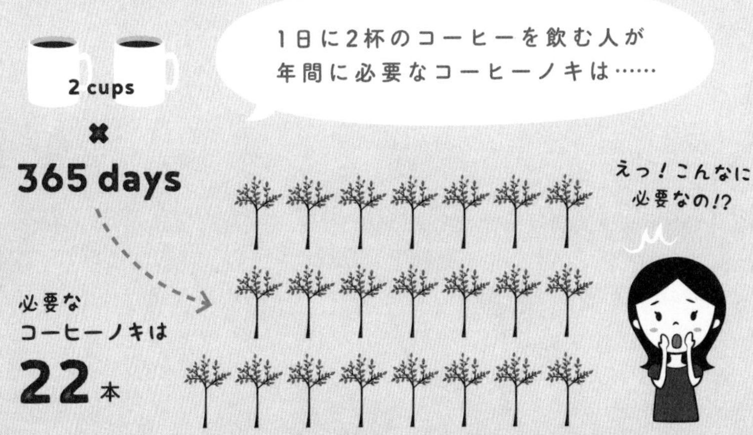

 年間毎日2杯のコーヒーはコーヒーの木22本分。 Drinking 2 cups a day for a year

コーヒーで有名な都市で栽培しているわけじゃなかった！

コーヒーは「コーヒーベルト」で育つ

北欧のコーヒーにハマっていたとき、「北欧で育つの？」と思って調べてみると、いやいや！　コーヒーは北欧では育たない！　北欧のロースタリーで焙煎された豆で、コーヒー自体の産地は別。コーヒーは限られた気候の地域でのみ、栽培が可能なのです。

すなわち
「コーヒーベルト」とは？

こうして見てみると、有名なコーヒーの産地は赤道近くの北回帰線と南回帰線の間に集中していますよね。ベルトのようになっているので、「コーヒーベルト」と呼ばれています。暑い国ばかりのように感じますが、暑いだけじゃダメで標高が高い高地や山があることが

ポイント。雨、日当たり、温度、土壌、標高の5つの条件がそろってはじめてコーヒーノキがすくすく育ちます。ここで挙げている代表的なコーヒー生産国以外でもコーヒー栽培はされています。たとえば日本では沖縄がギリギリ栽培できる最北。現地で栽培している農園もいくつかあります。

ひとことENGLISH コーヒーの木は赤道近くの地域でよく育ちます。 Coffee grows best in the area along

まるでステーキの焼き具合みたい!?
焙煎（ロースト）の仕方で味が決まる

コーヒーを飲むにはまず生豆を焙煎（ロースト）しなくてはいけません。焙煎度合いでコーヒー豆の味わいは大きく変わります。例えるならステーキの焼き具合と同じ！　コーヒー豆もレアで焼けば生の味がよく味わえますし、ウェルダンで焼けば炭火の香ばしさを味わえます。そして豆が持つ味を最大に引き出すためには、その豆にあった焙煎をするのが大切。

DARK

深煎り

焙煎時間が長いため、酸味が消えて香ばしい香りと苦味が出ます。油分が豆の表面に出ていてテカテカしています。

古き良き喫茶店はダーク系、新しいカフェはライト系が多いよね。私は中煎り派

ステーキならウェルダン

UM-DARK　DARK

BITTERNESS
苦味

【フルシティ】
コクと苦味が強い。アイスコーヒー向け

【フレンチ】
苦味が強く酸味はほとんどなし。ミルクとよく合う

【イタリアン】
苦味と香ばしさが強い。エスプレッソ向け

LIGHT

浅煎り

焙煎時間が短く、酸味があります。明るい茶色で豆に油分はなし。豆本来の味が一番出てくる焙煎です。

MEDIUM-DARK
MEDIUM

中煎り

浅煎りより甘さが出ます。中間で香り、味、酸味のバランスがグッド。

ステーキならレア

ステーキなら
ミディアムレア～ミディアム

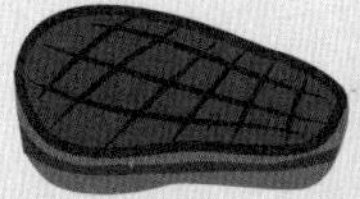

LIGHT　MEDIUM　MEDI

ACIDITY
酸味

【ライト】
酸味が強くフルーティ。カッピング向け

【シナモン】
酸味が強く苦味がない。ブラックで飲むのに最適

【ミディアム】
まだ酸味のほうが優勢。アメリカで好まれている焙煎

【ハイ】
酸味と苦味の一番いいバランス

【シティ】
酸味よりも苦味が強くなる。日本で好まれている焙煎

 ひとことENGLISH 好きな焙煎はなんですか？ What's your favorite roast?（ワッツ ヨー フェイバリット ロ

普通のアイスコーヒーと何が違う？

「コールドブリュー」コーヒーって何？

夏になるとカフェで推されている「コールドブリュー」。アイスコーヒーと並んで登場するし、見た目もまったく同じ。いったい何がちがうんだろうって思いますよね。冷たいコーヒーというところでは同じなんですが、ポイントは作り方のちがい。しかもおうちでもカンタンにできちゃうコールドブリュー、解明していきましょう。

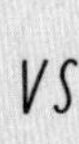

COLD BREW
コールドブリュー

ICED COFFEE
アイスコーヒー

INGREDIENTS
材料

COLD BREW

ICED COFFEE

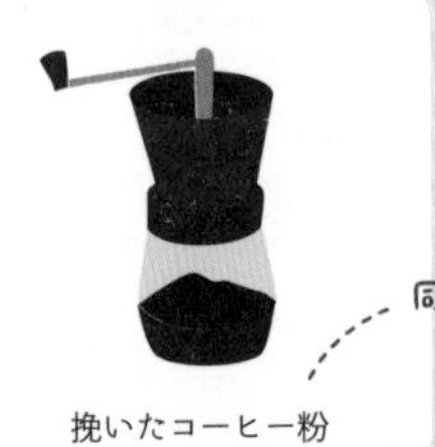

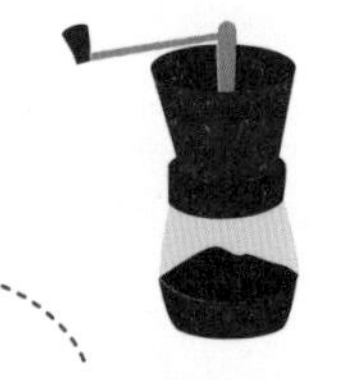

挽いたコーヒー粉

挽いたコーヒー粉

常温もしくは冷水

沸かしたお湯

BREW TIME
抽出時間

COLD BREW

12〜24時間

大きく違う！

ICED COFFEE

2〜3分

コーヒーを水の中に入れたまま、12〜24時間待ちます。その後フィルターで濾します。フィルター付きのボトルで作ると便利ですね。水240mlなら挽いたコーヒー粉15gが目安。

ドリップコーヒーを作ります。淹れ方はなんでもOK。濃いめに作ると氷を入れても味が薄まりにくいです。氷もコーヒーで作っちゃうという裏技もあります

PROS & CONS
良い点・悪い点

COLD BREW

- 酸味が少ない
- まろやかな味わい
- 氷で味が薄まらない
- 冷蔵庫で1週間程度保存可能

ICED COFFEE

- とにかく早くできる
- 香ばしい
- 抗酸化物質が多い
- 必要な水とコーヒー豆が少量

COLD BREW

- すぐ飲めない！要忍耐力、計画力
- 必要な水とコーヒー豆が多い

ICED COFFEE

- 氷が溶けて味が薄くなる
- 30分も経つと水っぽくなってまずい

時間と手間はかかるけれど、その分おいしさは倍増！
コールドブリュー、おうちでカンタンにできるので、ぜひお試しあれ。

 ひとことENGLISH コールドブリューはどんな味がしますか？　What does cold brew taste like?（ワッダズ

コーヒーとワインはじつは似ている？

好きなコーヒーでわかる好きなワイン

コーヒーは焦がした豆を濾して作るカフェイン入りの飲み物、片やワインはぶどうを発酵させて作るアルコール入りの飲み物。全然違う飲み物なのに好きなコーヒーの種類でワインの好みがわかるってホント!?　って思いますよね。

でもコーヒーもワインもテイスティングの際に使われる単語がどちらも「香り」「コク」「酸味」「風味」という共通点があるんです。ということは、コーヒーの好みがわかっていればワインの好みもおのずとわかる、という仮説なんですが……ワイン好きのみなさん、いかがでしょうか？　合ってます？　逆にこれまでコーヒーをあまり飲まなかったワイン好きさんは、これをもとにコーヒーを飲みはじめてみるのもいいかも？

CASE 1　まずはオーソドックスな味から

ブラックコーヒー

WORDS FOR TASTE

フルーティ

ドライ

【ルケ】
【カベルネ・フラン】

CASE 2 重めなワイン好きなら

エスプレッソ

WORDS FOR TASTE

コク
濃さ

【キャンティ】
【メドック】

CASE 3 飲みやすさを重視するなら

コーヒー＋ミルク

WORDS FOR TASTE

やわらかさ
なめらかさ
低酸味

【シャルドネ】
【アマローネ】
【カベルネ・ソーヴィニヨン】

CASE 4 デザート的な甘さが好きなら

コーヒー＋砂糖

WORDS FOR TASTE

フルーティ
甘さ

【リースリング】
【モスカート】
【ホワイトジンファンデル】

ビールを飲めなかったわたしがハマったきっかけ

コーヒー味のビールがある!?

マズッ！

うーー！

わたしは絶望的にアルコールに弱く、特にビールは苦くて水っぽくて味も楽しめないし、頭が痛くなってしまうのでビールとは縁がない人生だと決め込んでいたので、もうかれこれ10年以上ビールを口にしていませんでした。

でも出会ってしまったのです。コーヒー味のビールに。

まずいと思い込んでいたビール像が180度ひっくり返える、香ばしくて黒くてどっしりした味。ビールってこんなことできちゃうの!?　と驚愕しました。

コーヒー味のビールの正体は「スタウト」というエールビールでした。よく思い浮かべるビール像は黄色ですが、スタウトは麦芽を深煎りに焦がして作るため、香ばしい匂いがしてどっしりした感じに仕上がるという訳です。

さらに、ビールづくりの工程の途中で焙煎したコーヒー豆をビールに浸して風味をつけているものもあります。

このコーヒースタウトからわたしの中でビール革命が勃発！　国内外のありとあらゆるビールを飲みまくり、バリエーション豊かなクラフトビールの世界にのめり込んでいくのですが、それについてはぜひわたしの共著書『エンジョイ！　クラフトビール』（KADOKAWA）を読んでいただければと思います。

コーヒー味のビール作っちゃいました！

ビール作りを一緒にしてくれたみなさん

クラフトビールインポーターのアルバートさんとデビルクラフトオーナーのムーキさんと飲んでいたときのこと。この本の話になり「出版に合わせてコーヒーのビール作っちゃいなよ！」と言う2人。「ビールって作るの大変よ？」と言うと「ここにプロがいる！」と胸を張るマイクさん。というわけで本当にデビルクラフトとコーヒーのビールを作ることに。

ムーキさんからの宿題は、どの豆のどんな焙煎が合うかビールと調合してみること。コーヒー豆を数種類、粉砕してブラウンエールとフルーツエールに浸けてみました。サンプルを作ってデビルクラフトのみなさんとテイスティング。香ばしいブラウンエールにはもちろんコーヒーは合いますが、パッションフルーツにコーヒーの味をさせるのって不思議でおもしろいしリョウコらしいということで、パッションフルーツコーヒーエールに決定！

ど素人のサンプルをプロたちが味見してくれました。

ラベルもデザインしてできあがり！

パブのタップに繋ぐためのケグも！

ここからはプロにおまかせ。タンクで仕込みます。パッションフルーツなのにコーヒーの味がするビールのできあがり。感激です。アルコールも低めでジューシーで飲みやすく、わたし好み。ラベルのデザインもして完成！

INFORMATION
デビルクラフト（神田、浜松町、五反田、自由が丘）
https://www.devilcraft.jp

 ひとことENGLISH お酒に弱いです。 I have a low tolerance for alcohol.（アイハブ　ア　ロー　トーランス　フォ

もう迷わない！　クラフトビール選び

コーヒーでわかる好みのクラフトビール

せっかくなのでもう少しだけ。わたしのビールの先生で大のコーヒー好き、『エンジョイ！クラフトビール』を一緒に執筆したミュージシャンのスコット・マーフィーさんに、好きなコーヒーからわかる好きなクラフトビールのスタイルを教えてもらいましょう。

コーヒーっぽい味といえばスタウトとポーターだけど、もっと細かく教えるね！

さすがです、先生。よろしくお願いします

スコット・マーフィーさん

アメリカ出身のミュージシャン。ALLiSTERとMONOEYESでボーカル・ベース担当。Weezerのリバース・クオモと共にスコット&リバースとしても活動中。

ブラックコーヒー

ダークアメリカンラガー　ポーター　アイリッシュスタウト

ラガーは軽いイメージだけど結構コーヒーっぽいのあるんだね

どっしりしてるけどキレ味もあるのがラガーの特徴

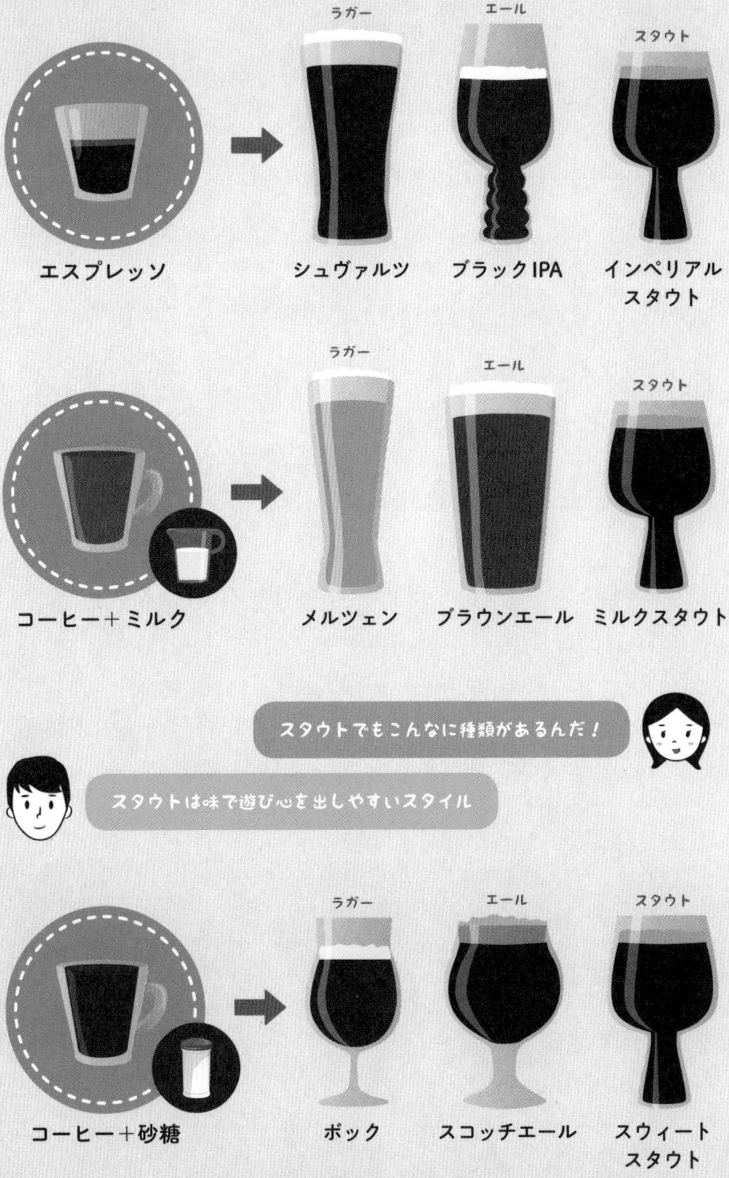

ラガー　エール　スタウト

エスプレッソ → シュヴァルツ　ブラックIPA　インペリアルスタウト

ラガー　エール　スタウト

コーヒー＋ミルク → メルツェン　ブラウンエール　ミルクスタウト

スタウトでもこんなに種類があるんだ！

浅煎りvs深煎りバトル

サードウェーブコーヒー（P.92で紹介）は豆本来の味を活かすために浅煎り〜中煎りの焙煎が多いですが、セカンドウェーブ系だと苦味のある深煎りが多め。これは時代の流れによる変化なんですが、最近はちょっとした浅煎りvs深煎りの、存在はするけれど口には出さないバトルの火花が、なんとなく見えているような。

わたしはシアトルの深煎りに育てられたので、はじめてデンマークで浅煎りを飲んだときに衝撃を受けたものです。でもそのスッキリした味わいがデンマークの秋の空と凛とした寒さにピタリとマッチしていて、それ以来浅煎りも飲むようになりました。いまではそれぞれの焙煎具合の個性をすべて愛しています。それまでは、そのときの気分や天候などでドリップやラテなどドリンクの種類を変えていたのですが、いまは焙煎具合で選ぶという変化球も加えられるようになり、コーヒーの楽しみ方の幅が広がりました。

その数年後にサウナでまったく同じ経験をしました。日本の熱々カラカラのサウナしか知らず、はじめて蒸気たっぷりのフィンランドサウナに入ったときの衝撃。コーヒーとまったく同じで、いまはカラカラなサウナもフィンランドサウナも、それぞれにいいところがあって自分のその日の気分でサウナを選んでいます。

コーヒーもサウナもところ変わればですし、自分の体も1日の中で変わっていくものです。自分にぴったりなコーヒーでスタートできれば、その日はきっといい1日になるはず。

COFFEE 2 COLUMN

Chapter 3

おうちでコーヒーをたのしむ

BREWING COFFEE AT HOME

コーヒーの基本を一通り学んだところで、いよいよ自分でコーヒーを淹れてみましょう！　そこで、この章ではおいしいコーヒーを淹れるコツを教えてくれる先生たちをお迎えします。豆選びからそれぞれの器具での淹れ方まで順番に教えてもらいます。おうちコーヒーをマスターして、もっとおいしく淹れられるようになっちゃいましょう！

豆の良し悪しで、味がウソみたいに変わる！

豆を選ぶ

おうちでコーヒーを淹れるには、まず豆を買うことから。でも豆を選ぶとき、国名、品種、酸味、ボディ……、いろいろと聞かれることが多いですよね。もう言われれば言われるほど耳がパタンと閉じてしまって「普通のをください」なんて言っちゃったり。わかりますよ、その気持ち。でも大丈夫です。ズボラで細かいことが苦手なわたしと一緒に「おおざっぱに」、でもしっかりと味の特徴と選び方を勉強しましょう。

おうちコーヒーで最初にお迎えする先生は株式会社カフェオロ代表、山下敦子さん。山下さんのコーヒーをはじめて飲んだときは思わず「え、ウソ」と言ってしまったほど繊細でやさしくてクリアな味。それもそのはず、コーヒー豆一粒一粒を愛でながら焙煎、選別、パッケージングをおこない、コーヒーに関するセミナーも多くおこなっている方です。わたしったら完璧な先生を連れてきちゃいましたよね。

山下敦子さん

株式会社カフェオロ代表・コーヒーディレクター。「コーヒーで世界をつなぐ」をミッションとして高品質なコーヒーのみ扱う。注文を受けてから自ら焙煎、すべて手作業で一袋ずつ詰めて豆の販売をおこなっている。
http://cafeoro.co.jp

STEP 1 信頼できる店を見つけよう

最初はとにかくお店の人に聞くことが一番だと思います。まずはそのお店イチオシのコーヒー豆を試してみて、自分のスダンダードをつくることから始めましょう。そこからもう少し苦いのがいいとか、もっと甘いほうが好きなど、同じお店の豆を他にも試していくと好みを探れると思います。いろいろ試せてしっかり豆について教えてくれるお店に出会うことも重要なポイントですね。

それって美容院みたいですね。合う美容師さんに出会ったら信頼できていろいろな髪型に挑戦できますもんね。

コーヒーってじつは生鮮食品なんです。鮮度がとても大切なので、量り売りできるお店で少量を買って、飲み切って次々に試すのもポイントです。

なかなかいいお店との出会いがない人には、わたしは断然、山下さんの取り扱っているコーヒーをスタンダードにするのをおすすめします！

STEP 2 自分の好みの豆を探そう！

まずは
大ざっぱに
2つ！

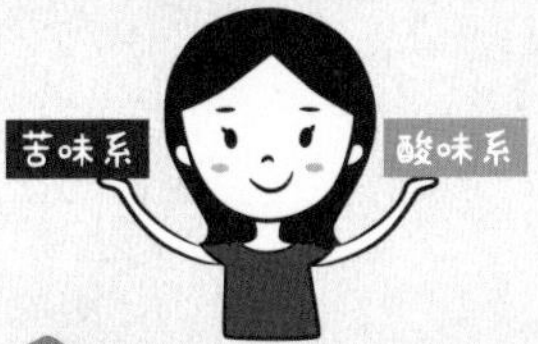
苦味系
酸味系

大胆に2つに分けます。酸味系（フルーツっぽい）か苦味系（チョコっぽい）のどちらが好きですか？ 「え、どこの豆がどんな味とか知らなくていいの？」と思うかもしれませんが、いいんです。ここから入れば好みの豆がだいぶ絞られます。

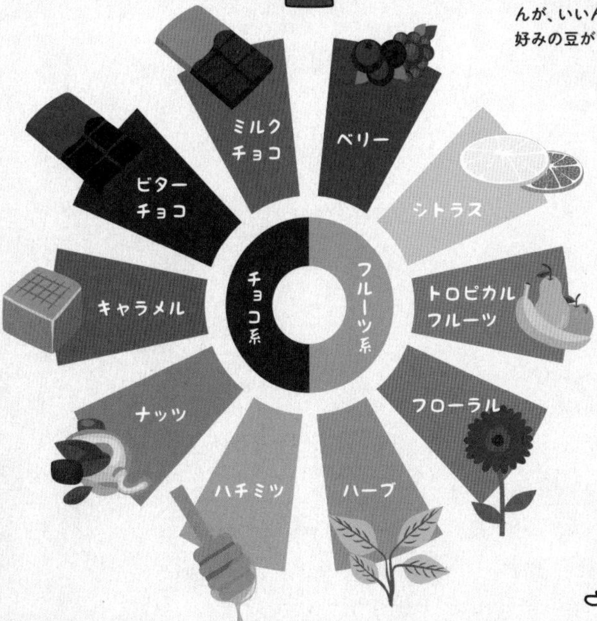
ミルク
チョコ
ベリー
ビター
チョコ
シトラス
チョコ系
フルーツ系
キャラメル
トロピカル
フルーツ
ナッツ
フローラル
ハチミツ
ハーブ

これらの単語を
使ってお店の人に
伝えて好みの豆を
チョイスして
もらいましょう

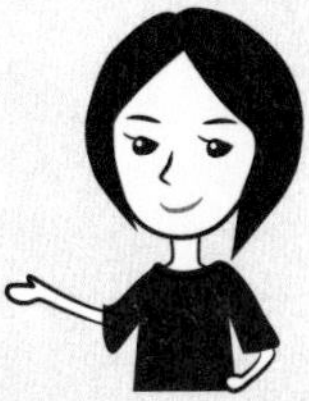

STEP 3 各国の豆の種類と味の特徴を知る

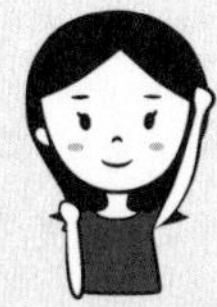

次は各国のコーヒーの特徴を山下さんにざっくり
あげてもらいながら、世界をぐるっと周ります。
まずは中南米からスタート！

 ひとことENGLISH コーヒー豆の選び方を勉強しましょう。 Let's learn how to select coffee beans.（レッ

【中南米】

BRAZIL
ブラジル

TASTE　バランスがよく飲みやすい

POINT
○世界一の生産輸出国
○大規模農園が多い

入門編としてまずはブラジルの豆からはじめると◎。

COMMENT

COSTA RICA
コスタリカ

TASTE　上品でマイルドなコク

POINT
○国がコーヒー栽培に力を入れている
○アラビカ種以外の栽培は法律で禁止
○パルプドナチュラル発祥の地

現地コスタリカでコスタリカ産のコーヒーを飲んだら、やっぱりものすごくおいしかったです！

COMMENT

COLOMBIA
コロンビア

TASTE　北部：しっかり、中部：ミディアム、南部：フルーティ

POINT
○北部、中部、南部でそれぞれ特徴が違う
○標高の高い農園が多く、手作業の収穫が多い

まろやかな味から酸味までそれぞれの産地ごとで違う味が楽しめます。

COMMENT

中南米の豆は
とにかく飲みやすい

GUATEMALA
グアテマラ

TASTE 優しい酸味とほどよいコク

POINT
○火山灰の土が高品質なコーヒーを生み出す
○グアテマラ国内の高品質な豆といえば「アンティグア産」が有名

国土の7割が火山で、寒暖差が激しく雨もよく降るコーヒーには最高の条件がそろった国です。

COMMENT

EL SALVADOR
エルサルバドル

TASTE クリアだけどバランスもよい

POINT
○米州大陸でも最も小さな国だがコーヒーは世界生産量の約1.2％を生産
○伝統的品種のブルボン種を多く栽培。

内戦で衰退したコーヒー栽培を、いままたがんばって復活させています。

COMMENT

NICARAGUA
ニカラグア

TASTE すっきりとした酸味

POINT
○コーヒーは国の経済を支える大事な農産物

HONDURAS
ホンジュラス

TASTE 良質な酸味、さわやかな後味

POINT
○中米一のコーヒー生産国

両国とも日本への輸出量は多くないけど、近年高品質の注目株！

COMMENT

ひとことENGLISH 中南米のコーヒー豆は飲みやすい味です。 Coffee beans from Latin American

PANAMA
パナマ

TASTE 卓越したフローラル感

POINT
○ゲイシャの国
○高品質、高評価を受け続けるゲイシャ

じつはエチオピアのゲシャ村から苗をパナマに持ち帰って栽培したら、大当たりしたのがゲイシャなんです。

COMMENT

MEXICO
メキシコ

TASTE ほどよいボディ感

POINT
○栽培されているのはほぼアラビカ種
○世界の約6割のオーガニックコーヒーはメキシコ産

メキシコはずっと安定したコーヒー作りをしている国です。

COMMENT

JAMAICA
ジャマイカ

TASTE 上品でバランスがととのっている

POINT
○ブルーマウンテンの国
○ハワイのコナコーヒーと並ぶ人気

政府の基準でブルーマウンテンと呼べるのはブルーマウンテン地区で栽培され、法律で指定された工場で処理されたコーヒーだけ。

COMMENT

【アジア・太平洋】

HAWAII
ハワイ

TASTE　飲みやすいやさしい酸味

POINT
○コナコーヒーが有名
○ハワイ島のコナ地区で栽培されたもののみがコナコーヒー

希少価値が高いので他の豆とブレンドされて「コナコーヒー」として売られていることが多いので、割合をチェックしましょう。

COMMENT

VIETNAM
ベトナム

TASTE　ロブスタ種は苦くて香りも強い

POINT
○ロブスタ種生産世界一
○強い味なのでブレンドされたり、コンデンスミルクと一緒に飲まれる

ロブスタ種100%で飲むとタイヤのゴムのような強烈な味と香りです！

COMMENT

INDONESIA
インドネシア

TASTE　しっかりしたコク

POINT
○マンデリンの国
○ロブスタ種を90%、アラビカ種10%生産している。マンデリンはアラビカ種

マンデリンは酸味が少なくしっかり、どっしりした味が好きな人向け。

COMMENT

ひとことENGLISH　東南アジアの豆は土っぽい味がします。 Southeast Asian beans taste earthy.（サウスイ

【中東・アフリカ】

YEMEN
イエメン

TASTE 個性派でフルーティな酸味

POINT
○コーヒールンバの曲にも出てくる「モカ・マタリ」が有名
○モカ港からコーヒーを出荷していたのがモカの名前の由来

昭和の喫茶店といえばイエメンのモカ・マタリ。

COMMENT

ETHIOPIA
エチオピア

TASTE 華やかな香りとフルーティな酸味

POINT
○コーヒー発祥の地。モカ・ハラー、モカ・シダモが有名。
○野生品種もたくさん眠っている国

コーヒーファンにはたまらない国。コーヒーノキが発見されたのがエチオピアといわれています。

COMMENT

KENYA
ケニア

TASTE フルーティでスッときれるような酸味

POINT
○アフリカではタンザニアとケニアが2大人気の産地
○雨季が年に2回あるため収穫期も年2回

ケニアはすごくいいコーヒーを作るので、日本でもずっと人気の豆です。

COMMENT

TANZANIA
タンザニア

TASTE 後味すっきり

POINT
○キリマンジャロの国
○たくさんの降水量、火山灰の土はコーヒー作りにぴったり

キリマンジャロは緩めの定義で、ブコバ地区「以外」で採れるコーヒーすべてをキリマンジャロって呼んでいいんです。

COMMENT

UGANDA
ウガンダ

TASTE ロブスタ種は独特の苦み

POINT
○ウガンダといえば、ロブスタ種
○アラビカ種も少量だが栽培をはじめている

ウガンダのコーヒーはあまりなじみがないかもしれないですが、最近日本にも入ってくるようになりました。

COMMENT

RWANDA
ルワンダ

TASTE ルワンダ独特のさわやかな酸味

POINT
○大虐殺のあった内戦後、コーヒー栽培に力を入れている
○コーヒーは国を支える農業となり国も注力

ルワンダの豆、わたし大好きなんです！

COMMENT

 ひとことENGLISH アフリカでライオンとゴロゴロしてみたいです。 I would like to snuggle with a lion in

選別こそがコーヒーの「味」を決める！

欠点豆って何？

一粒一粒スゴイんです！

山下さんに焙煎の工程を見せてもらいました。山下さんは最初に生豆をバーッと白い紙の上に広げるんです。それから一粒一粒、目で見て豆をわけていきます。わけられているのは「欠点豆」というわゆる不合格な豆たち。一見なにがダメなの？　と思うんですが、合格した豆と比べてみると一目瞭然。欠けていたり、変形していたり、割れていたり。

広げて見ると…

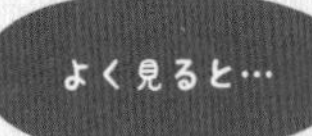

割れ

欠け

生産国でもちゃんと選別はしてくれているんですが、山下さんは生豆を受け取ってからさらに選別をするんです。

でも割れていたとしても、豆は

豆。「一緒に焙煎すれば同じじゃないですか？」と聞いてみると、やはり形がいびつだったりすると焙煎にムラができてしまうし、虫くい豆や発酵しすぎたものが入ると味にも影響があるとのこと。異臭がしたり、キツイ味がしてしまうんだそう。

なんともう一度選別!?

そしてなんと、山下さんは豆を焼いたあともう一度選別をします。いいコーヒーを作るには大事な作業だとおっしゃってました。確かに山下さんのコーヒーはやさしいだけじゃなくて、山で飲む湧水みたいなサラサラしたクリアな感じがあるんです。これって選別のたまものかなと思っています。

家に帰ってから、いま飲んでいる焙煎豆をひとつまみ広げてみました。すると、びっくり！ こんな少しの量なのにホイホイ見つかりました、欠点豆！

だんだん豆が愛おしく……

いままで気にしたこともなかった豆の形。それぞれ個性があってかわいいなとさえ思えてしまったんですが、欠点豆たちにはゴメンしてきれいな豆だけで淹れてみると、やはりいつもよりもクリアな味に感じました。

欠点豆たちはいびつってことだけでサヨナラするのはかわいそうな気がしませんか？ 欠点豆にも豆人生をまっとうしてもらえる方法があります。ガラスの容器に欠点豆を集めて入れてペン立てにしたり、コーヒー豆には消臭効果があるので挽いてメッシュの袋に入れて靴の中に入れておくと臭いを取ってくれますよ。

ひとことENGLISH 商品にならずに捨てられる豆がかわいそう。 I feel sorry for the beans that don't

粉で売っているコーヒーを買うべからず

豆は家で挽く？お店で挽く？

いよいよおうちでコーヒーを淹れる作業へ。ここでは、わたしが普段からコーヒーのことでいろいろ質問させてもらっているONIBUS COFFEE代表・坂尾篤史さんにご登場いただきます。「豆を挽く」ところから、それぞれの器具での淹れ方まで順序やコツなどを教えてもらいます。

坂尾さんはバックパックで旅していたオーストラリアで出会ったコーヒーとコーヒーを取り巻く文化、そして人のつながりに感銘を受けて、こういうコーヒー文化を日本でも作りたいという想いを持ってコーヒーの世界に飛び込んだ人です。坂尾さんのカフェの名前「ONIBUS」はポルトガル語で「公共バス」「万人のために」という意味で、人と人をつなぐコーヒーをという坂尾さんの想いが込められています。

ONIBUS COFFEE 八雲
東京都目黒区八雲4-10-20
https://onibuscoffee.com

初心者はお店の人に相談するのが一番！

坂尾篤史さん
ONIBUS COFFEE代表。2012年東京・奥沢に1店舗目をオープン。現在は都内5店舗、ベトナムに1店舗を展開。積極的にアフリカや中米の農園を訪れ、サステナビリティ（持続可能性）な取引とトレーサビリティ（素材の背景）を重視する活動をしている。

STEP 1 信頼できる店で豆を挽いてもらう

坂尾さんにはおうちでコーヒーをおいしく淹れるコツをひとつずつ教えてもらおうと思います。まず買ってきたコーヒーやインスタントコーヒーを卒業して、おうちでコーヒーを飲むには、豆で買って挽くところからになりますが、何をどうはじめたらいいんでしょう！？

まずはカフェで豆を買って挽いてもらうことです。ドリップする、フレンチプレスするなど、淹れる器具を伝えてそれにあった挽きで挽いてもらうのが一番安心です。お店のグラインダーは全然性能も違いますし刃もいいので、豆の抽出率がいいんです。いきなり自分で挽くのは、挽き目を調節するのも難しいですし、まずはお店に任せましょう。

STEP 2 家で豆を挽いてみる

グラインダーもいろいろ種類がありますよね

挽いてもらった豆でひと通り淹れてみて、次はそろそろ自分で挽きたい！　と思ったら、グラインダーはどのように選んだらいいんでしょう？

値段感ですね。グラインダーの値段は、3千円台から4万円台と幅広いです。高いグラインダーはセラミック刃で粒度が均一になります。3千円から1万円まではそんなに差がないのでデザインで選ぶといいと思います。手挽きと電動の差は楽かどうか、ですね！

インスピレーションで選べばOK!

手挽き

こだわり派の人向き
クラフト感あり

電動

ズボラさん向き
とにかく楽

スーパーで挽いてある豆を買うのはどうですか？

それは例えて言うなら、**栓が開いているビールを買うようなもの**なので、あまりオススメできません。焙煎日のわかる新鮮な豆を買って、器具に合った挽き目で飲むというのを大切にしてください。

 ひとことENGLISH　挽いてある豆を買うのは栓の開いたビールを買うのと同じ。Buying ground beans is much

同じ豆でも味が格上げ！
おいしく淹れる8つのポイント

さていよいよ「抽出」すなわちコーヒーを淹れる作業です。おうちでそろえやすい器具を中心にひとつずつ、坂尾先生にポイントを聞きながら淹れ方を教えてもらいましょう。まずはコーヒーを淹れるにあたって大切にしたい8つのポイントを教えてもらいます。これはすべての抽出方法で共通しています。

わたしはいろいろ試してみるのが好きで、いろいろな器具を持っているのですが、せっかちでズボラという性格上、先生からするとかなり残念な淹れ方をしているはず。器具別のおいしい淹れ方について、初心に戻ってしっかり学びます！

おうちでコーヒーを淹れる場合に僕が一番大切だと思うことは**「空間と時間を楽しむ」**です。

素敵！おいしいに越したことはないですが、シチュエーションを大事にすることでもっとおいしいコーヒーになるってことですね。

では次のページから、器具別のおいしい淹れ方について説明していきましょう。

心にとめるべき8つのポイント

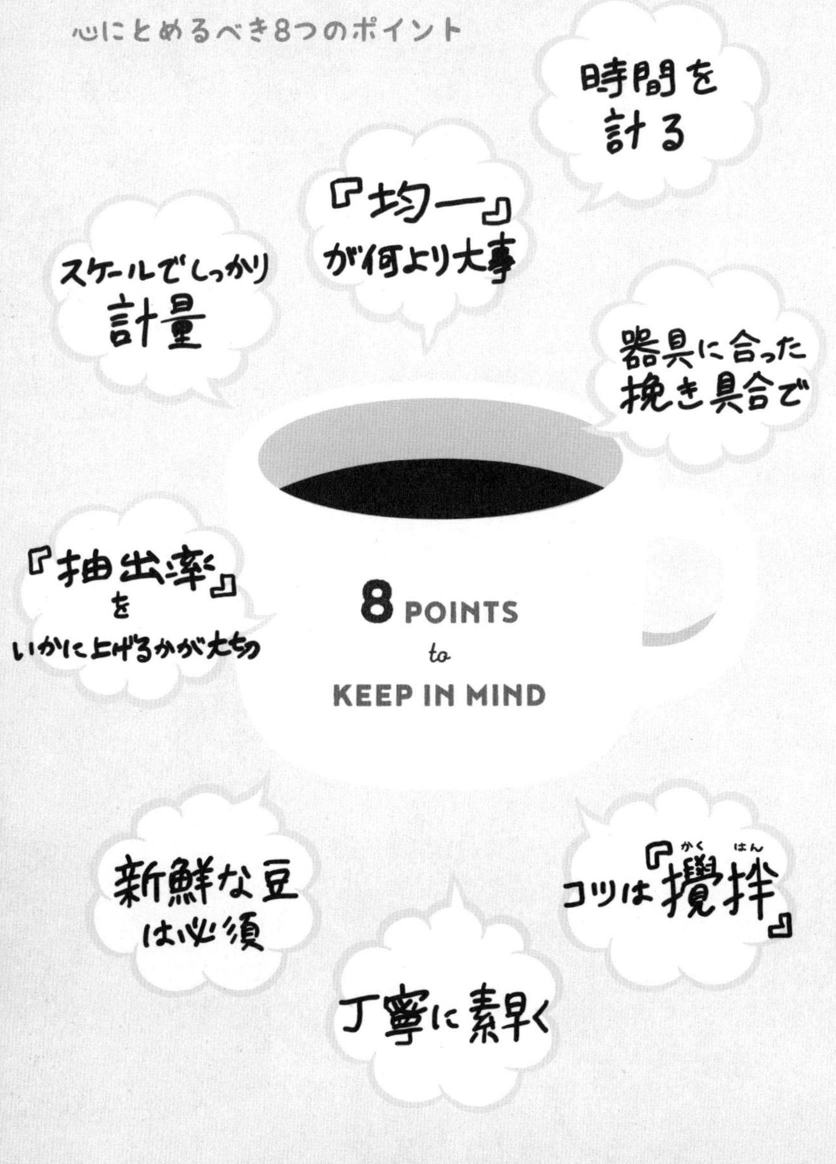

時間を計る

『均一』が何より大事

スケールでしっかり計量

器具に合った挽き具合で

『抽出率』をいかに上げるかが大切

8 POINTS to KEEP IN MIND

新鮮な豆は必須

コツは『攪拌（かくはん）』

丁寧に素早く

ひとことENGLISH 家でコーヒーを淹れる体験を楽しんで。 Enjoy the experience of brewing coffee at

FRENCH PRESS

【フレンチプレス】

豆をお湯に浸(つ)けておく浸漬(しんし)式で抽出するフレンチプレス。豆の成分や味がまるごと出てくるのが特徴です。テクニックがいらないので毎回ブレない味が出せるので一番カンタンな抽出方法です。わたしもおうちコーヒーはフレンチプレスでデビューしました。

RECIPE 坂尾さんのレシピ

挽き	中挽き（ザラメくらい）
比率	水16：1コーヒー （水240cc、コーヒー15g）
蒸らし	4分
お湯	沸騰直後の熱いお湯
味	いい意味でも悪い意味でも 豆本来の味、すべてが出る！

淹れ方

とにかく工数が少ないので
デビューにぴったり

準備するもの
フレンチプレスコーヒーメーカー、マドラー

1 お湯を勢いよく注ぐ 0:00

フレンチプレスの器具をスケールの上に置いてからお湯を入れる。スケールのメモリが255gになるまで

2 4分蒸らす 4:00

蓋をしておいても外しておいてもどちらでもOK

3 かき混ぜる

コーヒーの粉を均一にするため

4 プランジャーを下げる

ひとことENGLISH フレンチプレスに特別なスキルは必要なし。 You don't need much skill to use a

わたしは、ドリッパーは「HARIO V60」を使っています。
ペーパーフィルターはドリッパーに合った型番を選びましょう

PAPER DRIP

【ペーパードリップ】

お湯でコーヒーの粉を濾す透過式のペーパードリップは、淹れる腕をあげればあげるほど、自分好みのおいしいコーヒーを淹れることができ、チャレンジでもあり楽しみでもある抽出方法です。わたしもじつは、いまでも毎日試行錯誤しながら、ドリップを続けています。

好みのフレイバーを出しやすい

自分で淹れている感

RECIPE 坂尾さんのレシピ

挽き	中挽き（あら塩くらい）
比率	水17.3：1コーヒー （水225cc、コーヒー13g）
蒸らし	30秒
お湯	95度くらい
味	すっきりとした味わい、 雑味が消えて豆のエキスを味わえる

ペーパーフィルターの
匂いが豆に影響するので、
必ず最初に濡らしましょう

一湯目のあとに攪拌を

淹れ方

スキル次第で味が
どんどんよくなる奥深さ

準備するもの
ペーパードリッパー、ペーパーフィルター、サーバーまたはカップ

① 蒸らし 0:00

スケールにのせ、1湯目は40gまでお湯を注ぐ

② ドリッパーを持ち上げて回して攪拌

均一にお湯が豆に行き渡るように

③ お湯は中心から全体へ 0:30

2湯目は120gまで

④ 続けて中心からお湯を注ぐ 1:00

3湯目は180gまで

⑤ 2分半から3分くらいで落ちおわり 1:30

4湯目は225gまで

ズボラさんにぴったり！ 浸漬式ドリッパー

分量 水300cc、コーヒー18g

① 蒸らす

レバーを上にあげてお湯が落ちないように閉めておく

② 注ぐ

2湯目はそのまま300gまでお湯を注ぐ

③ 完成

レバーを下にさげてコーヒーを落とす

 ひとことENGLISH ペーパードリップはコーヒーへの理解を深めてくれます。 Paper drip excels your

エアロプレスは1つのメーカーのみ。プランジャーやフィルターなど一式必要なものがすべて入ってきます

AEROPRESS

【エアロプレス】

大きな注射器のようなエアロプレス。この形だから淹れ方難しいんじゃないの？　って思う方も多いかと思いますが、じつはとってもカンタンで失敗しないんです。なのでわたしもしばらくエアロプレスにハマってこればっかりで淹れていました。

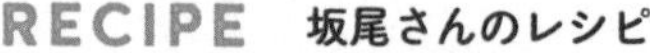

RECIPE　坂尾さんのレシピ

挽き	細挽き（食卓塩くらい）
比率	水11：1コーヒー （水200cc、コーヒー18g）
蒸らし	30秒＋20秒
お湯	85度くらい
味	香りがよく、味はとろみが出る

時間をかけず、
素早くプッシュ！

シンプルだけど
こだわろうとすれば
どんどんこだわれる

安い、楽しい、
新しいタイプの器具

準備するもの
エアロプレスコーヒーメーカー
（一式セットで売っています）

1 フィルターを濡らす

2 キャップをチャンバー（筒）に取り付ける

3 注ぐ 0:00

スケールにのせ、1湯目は30gまで

4 蒸らす

攪拌する

5 0:30

200gまでお湯を注いで、もう一度攪拌

6 プランジャーを一気に下げる

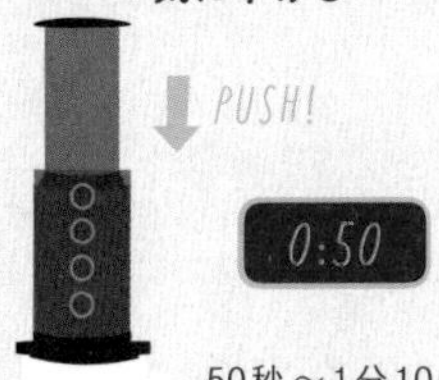

50秒～1分10秒までの間に押し下げる

味の違いも楽しんで！ もっとカンタンな淹れ方

1 注ぐ

メモリの1まで1湯目を注ぐ

2 混ぜる

5回かき混ぜる

3 注ぐ

メモリ4まで2湯目を注ぐ

4 混ぜる

1回かき混ぜる

5 押す

プランジャーを押し下げる

ひとことENGLISH エアロプレスにはインバート式もあります。 There is also an inverted method for

モカポットでコーヒーを淹れるときに必要なのは
このポットのみ。小中大とサイズがあります

MOKAPOT

【モカポット】

エスプレッソマシーンをおうちコーヒー用に買うのはかなりハードル高め。でもMOKAPOTがあれば「ほぼ」エスプレッソが作れちゃうんです。これさえ攻略すれば、ラテ、カプチーノ、モカなどにアレンジできるので、おうちコーヒーが一気にグレードアップ。

RECIPE　坂尾さんのレシピ

挽き	極細挽き（上白糖くらい）
比率	水4.6：1コーヒー （水60cc、コーヒー13g）
味	圧力をかけて作るので、味わいはほぼエスプレッソ

1～18杯用まで
サイズが選べます！

適当でも
モカポットが
全部やってくれます

淹れ方

特別なスキルなしで
カンタンエスプレッソ

準備するもの
モカポット
（サイズは小中大あり）

1 モカポットの下の部分を回して取り外す

2 バスケットにコーヒー粉、ボイラーに水を入れる

コーヒー粉は平らにしっかり押さえる

3 しっかり最後まで回してサーバー部に取り付ける

4 サーバー部分にコーヒーがあがってきたら火を止める

ぽこぽこ音がしたら抽出が始まった合図

おすすめの飲み方 そのまま飲むのもいいけど、アレンジしてもGood!

アイスラテ
ミルクを注いで
氷を入れる

エスプレッソ
砂糖を加えて
イタリア人っぽく

アメリカーノ
お湯で割れば
アメリカーノに

ひとことENGLISH モカポットでエスプレッソ系ドリンクをつくることができます。 You can make

家にいてもカフェ気分が味わえる！

ラテアートに挑戦しました

バリスタさんがミルクで描く美しいリーフやハートのラテアート。一度は挑戦したいですが、エスプレッソマシンについているあのミルクをシュワー！ってするのがないとできないでしょと思いますよね。でもラテアート、マシンがなくてもおうちでできなくもない！やってみる価値ありです。

アートができなかったとしても、ふわふわミルクのラテならできるから落ち込まないで！

必要なアイテム

モカポット
前のページでも紹介した超簡単にエスプレッソもどきが作れちゃう優れもの

ミルクピッチャー
ここにミルクを入れて、注ぎながらコーヒーに絵を描いていきます

ミルクフォーマー
100均でも手に入ります

ラテアートの作り方

エスプレッソを準備

エスプレッソはモカポットで作る。作り方は79ページを参照。

ミルクを細かく泡立て

200ccのミルクを65〜70度くらいの温度になるように温める。ミルクをピッチャーに移して、ミルクフォーマーで泡立てる。ポイントはしっかり奥まで入れてスイッチオンすること。30〜40秒ほど泡立て、できたらピッチャーをトントンと机にぶつけて空気を抜く。

1 高い位置から真ん中にミルクを注ぐ。

2 半分くらいまで注いだらピッチャーを近づける。

3 最後にスッと上にミルクで線を書けばハートのできあがり。

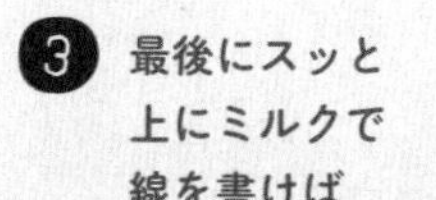

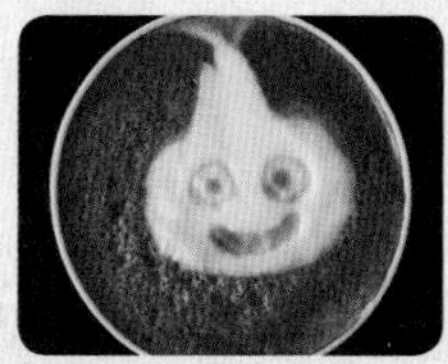

どんなに面倒くさがりでも

この3つだけ、がんばろう！

何度も言いますがわたし、とても大ざっぱなんです。だからできるだけ細かいことはやりたくないんです。でもずっとおうちでコーヒーを淹れてきて、プロのようにはできないけれど、やはりこれだけはやったほうがいいというポイントが3つ見えてきました。押さえておけば、おうちコーヒーがずっとおいしくなりますよ。

1つ

豆は冷蔵庫 or 冷凍庫で保管

コーヒー豆の保管状態が悪かったからって食中毒になったりはしませんが、やっぱりせっかく買ったおいしい豆をできるだけおいしい状態で飲みたいですもんね。コーヒー豆の大敵は光・酸素・熱です。これらによって新鮮さ・味・アロマの劣化のスピードが早くなってしまいます。なので他の容器に入れ替えるなどはしないほうがよいです。

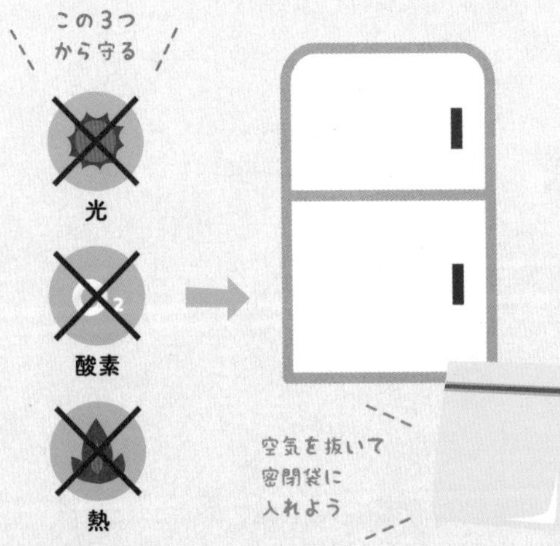

冷蔵庫に保管

冷蔵庫にある他のものの匂いがうつらないようにコーヒーの袋をさらに密閉袋などに入れて冷蔵庫で保管するのがいいと思います。空気をしっかり抜いた状態で！

冷凍庫に保管

こちらも同じように密閉袋に入れて、飲むときは凍ったままではなく自然解凍してあげてから挽いてください。

2つ

計量器はやっぱり買おう

それぞれの淹れ方のページを見てもらっておわかりだと思いますが、計量が本当に肝です。計量器は必ず使ってください。レシピはカフェや本、抽出方法によって変わってきますが、基本の黄金比は16：1（水：コーヒー粉）という人が多いです。240cc（マグカップ）ならコーヒー粉は15g。

3つ

沸騰したら45秒待とう

お湯が沸騰したらすぐコーヒーを淹れたくなっちゃいますが、少し落ち着いた85～94度くらいを使うのがよいとされています。温度計まで使ってコーヒーを淹れるのが面倒くさい方は、沸騰してお湯を止めてから45秒くらい待ってみてください。それくらいがちょうど90度くらいに落ち着く頃合いです。

 ひとことENGLISH 細かい人間じゃないですがこれだけは守っています。 I'm not a meticulous person,

タイプ別　パンに合うコーヒーの選び方

池田さんに聞く このコーヒーにはこのパン

自分で豆から淹れたコーヒーができあがったら、次は食！　わたしはコーヒーとパンは大親友同士だと思っているんですが、ここはパン博士に、より相性のいいコーヒーの種類とパンの種類をマリアージュしていただきましょう。

池田浩明さん

研究所「パンラボ」の主宰。日本中のパンを食べまくり、雑誌や書籍で「パン」の文字を見かければ、それは池田さんが書いたものである確率90％（わたし調べ）というパンを愛しパンに愛されているパンおたく。

コーヒーとパンなら
どんな種類でも
相性がいいように思えますが、
いかがでしょう？

合わせ方次第で、
かなりおもしろい味の
展開が生まれます。

コーヒーのプロ、
カフェファソン
ロースターアトリエの
岡内賢治オーナーにも
組み合わせのアドバイスの
ご協力いただきました。
ではいきましょう！

アドバイス
いただいた
コーヒーの
プロのお店

CAFÉ FAÇON
ROASTER ATELIER

東京都渋谷区代官山町10-1
営10:00～19:00 不定休

— 朝 —

ドリップ（中煎り）× バタートースト

ポイントはバター感のある中煎り。深煎りだと味が強すぎて邪魔になります。衝撃的な組み合わせではなく、なじむ組み合わせでゆっくり苦い・甘いのループを楽しみましょう。喫茶店的な時間の流れを感じられる組み合わせです。

BREAD

トリュフベーカリー（三軒茶屋）
https://truffle-bakery.com

生食パン

ふわふわとぷるぷるの間をいく理想的食感を持つのがこの生食パン。甘いけれど、甘すぎず、いつまでも食べ飽きないバランスです。トーストすると、表面がぱりぱりになり、耳は甘くて香ばしくてよりおいしくなります。

COFFEE

カフェファソンロースターアトリエ
http://cafe-facon.jp

グアテマラ（中煎り）

栄養豊かな土壌で育ったグアテマラ豆。深煎りだとトーストのこげた部分とコーヒーの苦味がぶつかりやすいので、ナッツのようなコクの中煎りを合わせると苦味を包み込み、さらにバターの香りが口の中に広がります。

ひとことENGLISH　パンとコーヒーは親友です。 Bread and coffee are best friends.（ブレッド　アンド　コーヒ

― ブランチ ―

カフェオレ × クロワッサン

フランスの人ってどんぶりみたいな大きなカップでカフェオレを飲むんですが、これがポイント。クロワッサンを江戸っ子のそばみたいにちょっとだけカフェオレにつけて食べれば一気にパリジェンヌです。ミルク多めのカフェオレにしてくださいね。コーヒー多めだとクロワッサンの香ばしさを崩してしまいます。

BREAD

ボネダンヌ（三軒茶屋）
http://bread-lab.com/bakeries/524

クロワッサン

フランスで修行した荻原シェフ。皮のぱりぱり感と、その下のなよっとした中身の感じも、フランス産小麦とバターの組み合わせも、パリのクロワッサンを思わせる絶妙さ。フランス人の朝食の定番で、カフェの王道メニュー。

COFFEE

カフェファソンロースターアトリエ
http://cafe-facon.jp

コスタリカ エルアルト農園（深めの中煎り）

チョコレートのような風味のある豆を深めの中煎りで。ビターチョコレートではなく、ミルクチョコレートのようなやさしいコクと甘みがあるので、カフェオレの温かいミルクとの相性がバツグンです。

特にアイスコーヒーだと合う！

スパイシー的

— 昼 —

アイスコーヒー × カレーパン

ねちっとしたスパイシーなカレーに冷えた苦味を投入することで、スーッとした感じになるのがたまらない組み合わせ。苦味のあるアイスコーヒーでカレー味の舌をリセットするのがポイント。昨今、カレーパンも多様化しているので、同じように多様化しているスペシャルティコーヒーがよく合います。

BREAD

ブーランジュリ シマ（三軒茶屋）
https://ameblo.jp/shimapan3cha/

カレーパン

スパイスを研究し、独自に配合したオリジナルのスパイスカレー。チキンとトマトの素材感、ダシっぽさを感じつつ、スパイスのさわやかさが寄り添う。カレーパンに濃度を求める時代から、素材のおいしさを求める時代へ。

COFFEE

カフェファソンロースターアトリエ
http://cafe-facon.jp

ケニア（中煎り）

ケニアの豆は浅煎り〜中煎りではフローラルな酸味、中煎り〜深煎りにすると酸味が抑えられて苦味と深いコクが前面に。普通のカレーパンに合わせるなら、コロンビアの深煎りやマンデリンのような油分の多い豆が◎。

— おやつ —

エスプレッソ × パン・オ・ショコラ

エスプレッソの脳に来る強さとベルギーのチョコのガツンとした感じで、ガツン×ガツンのいい意味で"ドラッグ的"おやつです。抽出時間が短いエスプレッソは、香りがなくなるのが早いので淹れたてを飲むのがおすすめです。ガツン感を味わえるのは、フランスやベルギー産のチョコが入ったものです。

COMMENT

BREAD

ボネダンヌ(三軒茶屋)
http://bread-lab.com/bakeries/524

パン・オ・ショコラ

クロワッサンと同じ生地で、外はパリパリ・中はしっとり生地のパン・オ・ショコラ。真ん中に入っているチョコレートは、ベルギー産ならではのカカオの濃厚な香りと酸味があって脳にガツンとくる刺激があります。

COFFEE

カフェファソンロースターアトリエ
http://cafe-facon.jp

6種ブレンド

(コロンビア深煎り30%、グアテマラ深煎り20%、エチオピア ナチュラル中煎り20%、グアテマラ中煎り10%、コスタリカ中煎り10%、コロンビア中煎り10%)

パン・オ・ショコラのバター感がチョコレートになじみ、味わいに奥行きが出ます。

本当にいちご大福になった

和菓子的

— おやつ —

ドリップ（フルーティ）× あんぱん

フルーツの風味が書いてあるコーヒー豆を選びましょう。あんぱんと合わせると、なんと口の中がいちご大福の味に！　柑橘系の豆を選ぶとゆずとあんこの組み合わせのようになります。そしてシナモン感のある豆だと八つ橋のような味に。豆は浅煎りならお茶的に、そして深煎りなら濃厚さを楽しめます。

BREAD

ジュウニブン ベーカリー（三軒茶屋）
http://ultrakitchen.jp/projects/

ジュウニブンあんぱん

小麦そのものの甘さやうま味を生かした生地と中のあんこが抜群のバランス。もちもち。パンの生地に含まれるバターがコーヒーと油分をつなぐ役目をしているので、和なあんぱんが洋のコーヒーと上手に合います。

COFFEE

カフェファソンロースターアトリエ
http://cafe-facon.jp

エチオピア ナチュラル（浅煎り）

華やかでベリー感がある味わいですが、同時にワインっぽい感じもあります。フルーティさを生かすために浅煎りがおすすめです。これがあんこと合わさることで、口の中でおもしろい化学変化が起きます。

 ひとこと ENGLISH　いいマリアージュでお口の中は天国に。 A match made in heaven in your mouth.（ア

わたし史上最高のコーヒーは!?

「これまでで一番おいしかったコーヒーはどこのですか?」という質問をされることがあります。日本中のみならず、世界各国でおいしいコーヒーを飲んできました。そんな中で、一番おいしかったのは、シアトルの隠れ家的カフェでも、ブラジルの農園で飲んだのでも、バリバリおしゃれなサードウェーブでも、古き良き喫茶店で飲んだコーヒーでもなく、さらにはオーガニックでもフェアトレードでもない……ふつうの缶コーヒーでした。

　どこでも買える正真正銘ただの缶コーヒー。ちょっとガッカリ? でもそれを飲んだのは富士山の山頂だったのです。「富士山なんか登るんじゃなかったよ!」と悪態をつきながら真っ暗な夜に5時間登り続けて山頂に到着し、疲労と寒さが振り切っている状態で飲んだ甘い缶コーヒーのおいしさは、ただの缶コーヒーなのに一口飲んだあと缶を二度見してしまったほど。

　目の前に広がるのは日の出を迎えた雲海。そしてわたしの手に握られているのは、下界の自販機なら120円なのにここでは400円もする缶コーヒー。でもその味はプライスレス!

　食べ物や飲み物の「おいしい」が決まるのはその環境だったりするんだなと。わたしの人生史上、最高のコーヒーは3776メートルの山のてっぺんで絶景を見ながら飲んだ何の変哲もないただの缶コーヒーでした。みなさんの最高のコーヒーはどんなコーヒーですか?

Chapter

4

コーヒームーブメントを解剖！

コーヒームーブメント、なんて聞くと「意識高めでちょっと難しそう……」と思っちゃうかもしれないですが、意識ゆるめでスーッと説明していくので平気ですよ。ご安心あれ。コーヒーのことをもうちょっと踏み込んで知ってみると、コーヒーがいまよりもっと楽しくなります。そしてもっとおいしいコーヒーの世界が広がっていくんです。

知っておくとコーヒーのいまがわかる!

サードウェーブは個性を大事にするムーブメント

コーヒーを飲む人なら一度は耳にしたことある「サードウェーブ」という言葉。「オシャレなカフェ＝サードウェーブ」というぼんやりした印象があるんじゃないかと思うので、サードウェーブってなにかをはっきり知っちゃいましょう。

まず名前から。サード（3番目）と言うからには……そう、あるんですよ、1番目と2番目が。ウェーブ、訳すと「波」なのですが、「ムーブメント」のことを言います。

First Wave
【ファーストウェーブ】
〜1960年代

Second Wave
【セカンドウェーブ】
1960年代後半〜

Third Wave
【サードウェーブ】
2000年〜

First Wave
【ファーストウェーブ】

BEFORE 1960s

インスタントコーヒーの時代

ファーストウェーブのはじまりは遥か昔の1800年代後半から。コーヒー豆の流通が盛んになるにつれて大量生産されるようになりました。コーヒーがおうちで「気軽に」飲めるようになったのがファーストウェーブ。

✓ コーヒーは面倒くさかった
もともとコーヒーは、生豆を買って家で焙煎して飲まなくてはいけない面倒くさいものだった

✓ インスタントが主流
当時飲まれていたのは粉になったインスタントコーヒー

✓ 大量生産がスタート
大手の会社がカンタンに飲めるコーヒーを大量に生産したのがはじまり

✓ コーヒーの知識なし
コーヒーがじつは木からできたものということさえ知らずに飲んでいる人ばかり

✓ 質が悪かった
インスタントコーヒーは粗悪なものも多く、濃くて苦いテイストばかりだったので砂糖やミルクを大量に入れて飲まれていた

味の質よりも、手間なしで早く飲めることが目的だった

First Wave ＝ 消費するためのコーヒー

 ひとことENGLISH インスタントコーヒーに反対しているわけじゃないんです。 I'm not against instant

Second Wave

【セカンドウェーブ】

AFTER THE LATE 1960s

エスプレッソ系ドリンクが大人気

まずいインスタントコーヒーを飲んでいた風潮は1966年、カリフォルニア州バークレーにできたPeet's Coffee（ピーツコーヒー）をきっかけにガラリと変わります。ピーツコーヒーは質の良いアラビカ豆を深煎りにしてブレンドを作ったり、エスプレッソをはじめました。これがセカンドウェーブのはじまり。

コーヒーの魅力に気づく

良質の豆を挽いて淹れるコーヒーってこんなにおいしいんだ！
と人々が気づきはじめる

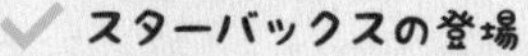

スターバックスの登場

1995年にはスターバックスがコーヒーは苦いものという概念を
打ち破るフラペチーノを生み出し、消費者の心を鷲づかみに

エスプレッソ系ドリンク

家では作れないラテなどのエスプレッソを使ったドリンクが流行りはじめる

スターバックスのはじまり

1971年、シアトルに住む3人の高校教師がピーツコーヒーに感銘を受け、
同じコンセプトでお店をはじめる。それがいまやコーヒー界の王者、スターバックス！

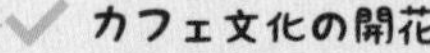

カフェ文化の開花

お店でしか飲めないコーヒーが大人気になり、カフェ文化が広がる

コーヒー豆のことや淹れ方などが
飲む人に浸透しはじめた

Second Wave ＝ 楽しむためのコーヒー

Third Wave

【サードウェーブ】

AFTER 2000s

カフェ文化からコーヒー自体を楽しむ流れへ

長い間人気だったラテやモカ、そしてデザート的なフラペチーノなどバラエティに富んだ変化形コーヒーからコーヒーの基本に戻り、コーヒー豆に注目しはじめたのがサードウェーブ。ワイン文化の影響も大きいと言われています。

豆にスポットがあたる

コーヒー好きの人たちが豆はどこからきたのか、どこの農園で育ち、誰が輸入して、誰が焙煎したのか、どんな器具で淹れられたのかなどコーヒー自体に興味を持ちはじめる

スペシャルティコーヒー！

高品質の豆を使った「スペシャルティコーヒー」や生産者を守る「フェアトレード」などがサードウェーブコーヒーを代表するキーワード

ラテアートが人気

ミルクでエスプレッソに絵を描くラテアートの流行

ハンドドリップの時代

エスプレッソ系ドリンクに加え、サードウェーブではハンドドリップが人気に

浅煎り主流

コーヒー豆が持つ本来の味を味わうために浅煎りで焙煎される

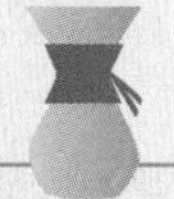

大量生産ではなくワインやクラフトビールのようにその個性と質に注目した

Third Wave ＝ 真価を味わうためのコーヒー

まとめると……コーヒーを飲む人たちがコーヒー豆がどこからどのようにカップまでやってきたのかを理解し、豆の特徴をわかったうえで、それに合った抽出方法で豆が持つ本来の味を楽しんで飲むムーブメントのこと！

ひとことENGLISH スペシャルティコーヒーとフェアトレードはサードウェーブの大事な鍵。Specialty coffee

コーヒー農家のおすすめする豆がある！

シングルオリジンはソロミュージシャン

サードウェーブのカフェにいくと「シングルオリジン」って豆のところに書いてあるのを見かけると思います。サードウェーブでシングルオリジンは切っても切れない重要な要素です。音楽で言うなら、シングルオリジンはソロでブレンドがバンドみたいな感じです。

お店で飲むコーヒーも、お店で買う豆も、じつは結構ブレンドが多いんです。いろんな国の産地や品種の豆をうまく合わせてあります。お店の味が出せるのがブレンドです。

そして「ひとつの原産地」であるシングルオリジンは、ブラジルとかエチオピアというひとつの国、というわけではなく、もっと細かいひとつの農園（原産地）から来ているコーヒーなのです。

スーパーの野菜売り場で「私が作った野菜です」とか「藤沢農家の大川さんのトマト」とか顔写真が野菜の横に貼ってあることありますよね。それと同じなんです。どこの国のどこの地域のどこの農園の誰さんがどんな製法で作ったのかがハッキリとしている追跡可能なコーヒー豆のことを「シングルオリジン」と言います。ふうー、力が入ってしまいましたが、おわかりいただけたと思います。このように追跡可能な食が、この先の主流になっていくんでしょうね。

シングルオリジンのよさは……

1つ

生産国によって変わる味

3章で、豆の産地であるそれぞれの国の味についてざっくりと紹介しましたが、国によって天候や土壌、水、すべて違います。その環境の個性が育てたコーヒー豆なので、それぞれ味が違ってくるのです。生産国の個性を味わえるのが、シングルオリジンです。

2つ

生産者の想い

以前、メルボルンでコーヒーを頼んだらすっとカードを渡されました。そこにはこの豆を作った農家さんのプロフィールと写真、そして品種や農園のこと、農家さんの人柄や想いなどが書かれていました。それを読みながら飲むコーヒーは特別においしかったです。

3つ

しっかりした製法で

どこの誰が作っているかがドン！　と出るからには、コーヒー農家もしっかりした製法で品質の高いコーヒーを作ろうとします。さらにその豆の品質が評価されることで、世界中から適正な価格で買い付けされるようになり、コーヒーが持続可能な農作物になるのです。

オーガニックとフェアトレードってどうしていいの？

フェアトレードコーヒーは生産者を守る

「オーガニック」と「フェアトレード」というワード。最近よく耳にする言葉ですが、正直「ちょっといいもの」「意識高い系」という認識はあるものの、なぜいいのか、なぜ選ぶべきなのかをぼんやりとしか知りません。ここで、みなさんと一緒に学びます！

ここではオーガニックセラピストで「カラダが喜ぶ、世界が喜ぶスイーツ」Sweets Oblige by Asa & Lisaの代表・桑原りささんにオーガニックとフェアトレードについて教えていただきましょう。

桑原りささん

Sweets Oblige by Asa & Lisa代表。国際・社会貢献分野を中心にキャスター、執筆などメディアで活動。オーガニックセラピストとして食と健康の啓蒙活動もおこなう。

国際フェアトレード基準

★ **経済的基準** ・最低価格の保証など

★ **社会的基準** ・安全な労働環境など

★ **環境的基準** ・農薬・薬品の使用規定など

このマークがあれば、フェアトレード！

フェアトレードはオーガニック農業を推奨しているので、フェアトレードのコーヒー豆を買うことで、途上国のコーヒー農家さんたちの労働環境を守ることにつながります。

オーガニックとは、
化学的な農薬・肥料を使わずに
作った生産・加工方法のこと。
食品添加物も使いません。
日本語で「有機」と書いてあるものは、
すなわちオーガニックのことです。

なぜオーガニックがいいんでしょう？

地球のため

・農薬を使うことで微生物が死んで土がやせて、生態系を壊してしまう
・農薬の空中散布で大気汚染にもつながる

自分のため

・残留農薬がアレルギーや病気を引き起こす疑いがある

生産者のため

・農薬や化学肥料に触れたり吸い込むことによる健康被害の可能性もある

オーガニック食品が高いのは、農薬など使わない分、
手間隙かかって生産コストがかかってくるからなんですね。

日本の耕地面積に対する有機農業の割合はまだたったの約0.2%なんです。わたしのクッキーもオーガニックの小麦を使っているんですが、自然災害で収穫量が激減して手に入らなくなり、クッキーが一時期作れなかったことも。コーヒーを買うとき、お買い得だとやはりうれしいものです。でもオーガニックコーヒーを選ぶことは、遠く離れた国で豆を作っている農家さんを守り、自分を守り、そして地球を守っていることにつながります。

売り上げの一部が女性支援のNGOジョイセフに寄付されます。生チョコならぬ生クッキーな新食感。各種10枚入り。1500円(税別)。
https://www.sweetsoblige.com/

 ひとことENGLISH オーガニックを買うことは地球のためでもあります。 Buying organic products is also

知ってるつもりよ、サヨナラ!

最近よく聞くSDGs(エスディージーズ)って何?

SDGsって何のことですか?

持続可能な開発目標

Sustainable Development Goals

の頭文字をとってSDGsと呼ばれています

気候変動や貧困問題、そして男女の不平等問題など「このままじゃ地球はヤバイぞ! 世界全体が団結して目標設定して問題解決していかなきゃ」ということで、2030年までに「こんな未来にしていこう」と世界各国が合意した17のゴールのこと。

SUSTAINABLE DEVELOPMENT GOALS

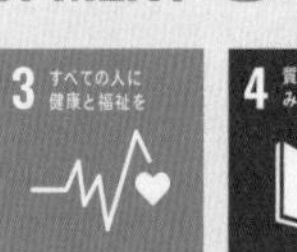

1 貧困をなくそう	2 飢餓をゼロに	3 すべての人に健康と福祉を	4 質の高い教育をみんなに	5 ジェンダー平等を実現しよう	6 安全な水とトイレを世界中に
7 エネルギーをみんなに そしてクリーンに	8 働きがいも経済成長も	9 産業と技術革新の基盤をつくろう	10 人や国の不平等をなくそう	11 住み続けられるまちづくりを	12 つくる責任 つかう責任
13 気候変動に具体的な対策を	14 海の豊かさを守ろう	15 陸の豊かさも守ろう	16 平和と公正をすべての人に	17 パートナーシップで目標を達成しよう	

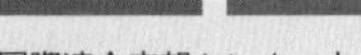
国際連合広報センターより

世界をみんなで変えていくための目標なんですね。

地球規模でなんだか壮大な話のように聞こえるかもしれませんが、じつは身近で取り組めることばかりなんです。特に12番の「つくる責任　つかう責任」。オーガニックやフェアトレード製品を買って使うことも、未来をよくするために貢献していることに。

企業も「儲かればいい」ということではなく、「つくる」責任を考え、地球そして人間によいことをしようという動きになれば、そういった姿勢が評価され、消費者に支持されたり、投資が増える時代にもなって来ています。

12 つくる責任 つかう責任

17 パートナーシップで目標を達成しよう

そして17番の「パートナーシップで目標を達成しよう」も、とても大切。一人じゃなくて、みんなで連携しないとそれぞれの目標も達成できないし、世界はよくならない。人種、国も関係なく、わたしたちの未来はみんなで協力して作っていかないといけないということですね。

最後にわたしが伝えたいのは「わたしたちは自分たちで世界を変えられる！」ということです。

毎日飲むコーヒーなので、自分の体にどんなものを取り入れているか知ることは自分のためでもありますが、豆の選び方でその先には農家、環境、地球と影響しあっているって思うと、これからはますますしっかり選びたくなります！

妊娠中期や授乳中でも飲めるコーヒー

カフェインレスってどうやって作られるの？

カフェインレスコーヒー、またの名をデカフェコーヒーは、コーヒーからカフェインが抜かれていて、カフェインに敏感な人や妊婦さん、授乳中のママなどが安心して飲めるコーヒー。わたしは日々カフェインに助けられているんですが（笑）、知っておきたい！

コーヒーだけじゃなくて
お茶やコーラなどにも入っている
カフェイン（アルカロイドという
化合物の1種）。覚醒・興奮作用が
あるから眠気がなくなって
シャキーン！　とするんだよ。
でも適量適度にね！

- 覚醒作用で頭がスッキリ
- 興奮作用で疲労感の減少
- 血管拡張作用で血流がよくなる
- 利尿作用で老廃物の排出

BAD
（過剰摂取の場合）

- めまいや吐き気
- 下痢
- 興奮や不安
- 妊娠中の過剰摂取で低出生体重児の可能性

何事も適量
が大事ね

その通り！

悪い面を読むとちょっと怖く感じますが、過剰に飲んだ場合のことなので安心してください。妊婦さんでも1日にコーヒーをマグカップ2～3杯程度のカフェインなら厚生省もWHOも問題なしとしています。

でも、最初に学んだとおり、コーヒー豆は果実の種で、その種にすでにカフェインが含まれているのに、カフェインだけ抜き取るってどうやってやってるんだろう？ カフェインが入っていない木を最初から作っているのかな？ と長年思っていましたが、カフェインレスコーヒーの作り方、調べてみるとこりゃものすごく科学で化学！

＼ 大きくわけてカフェインの抽出方法は4パターンあります。／

METHOD 1 有機溶媒抽出（直接法）

直接
薬品漬けにされるのはツライ！

1906年に開発された抽出方法で、現在ではほとんど使われていません。そして日本では危険なため禁止されています。なぜなら有機溶媒のベンゼンなどの強い薬品をコーヒー豆に接触させてカフェインを取り除くからです。もはやカフェインを飲んでいる方がよっぽど安全というレベル。恐ろしい～。

ひとことENGLISH デカフェコーヒーを作るってまるで科学。 Making decaf coffee is a science.（メイキン

METHOD 2　有機溶媒抽出（間接法）

ゆっくりお風呂に入らせていただきます

一旦、外気浴

成分再補充！

こちらも有機溶媒を使う抽出方法ですが、豆に直接接触させないのがポイント。長時間、豆を熱湯に浸し、カフェインや油分などの豆の成分を抽出。そこから豆を取り出し、成分が入った水に薬品を入れてカフェインを除去。その後、豆を水に入れれば、油分などの成分だけが豆に戻るという仕組み。

安心できる100％ケミカルフリーな方法。豆を熱湯に浸し、カフェインだけがひっかかるフィルターで豆の成分を濾し、その豆を捨てます。そしてカフェインが抜かれた豆の成分のみが残っている水に新しい豆を入れると、水の中はすでに豆の成分が飽和状態なので、新しい豆は成分を放出することができません。なので豆は水中にはないカフェインだけを放出しはじめます……という作業をカフェインが99％なくなるまで繰り返します。

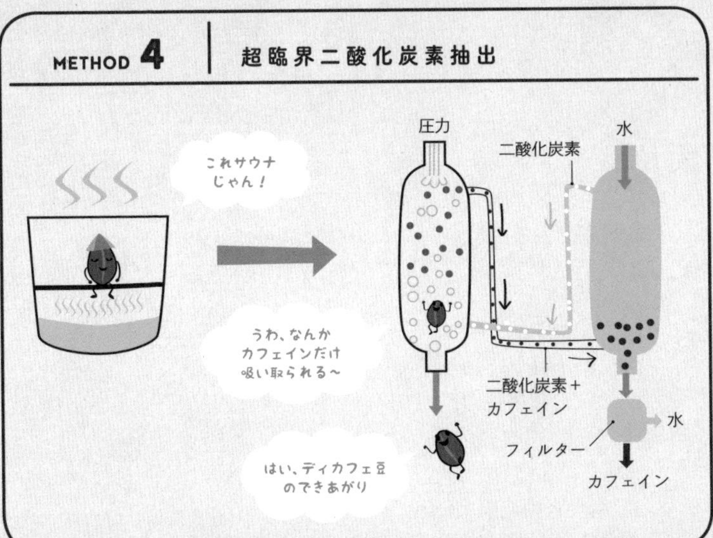

名前からして化学感満載ですが、まさに化学です。気体と液体の区別がつかない状態を「超臨界状態」と言うそうですが、その超臨界流体になった二酸化炭素を加圧して豆に通します。豆は予め蒸して気孔を開いておきます。超臨界流体の二酸化炭素は大変反応しやすく物質を分解してくれるので、気孔の開いた豆からカフェインをキュッと引き抜いてくれて、カフェイン抜き豆のできあがりです。もちろん安心して飲むことができます。

 ひとことENGLISH カフェインに敏感な人は、デカフェコーヒーを選ぶといいでしょう。 Choose decaf if

音楽、アメリカ、小説、ランニング、サウナにフィンランド
好きなことが一緒の2人が語りつくす！

カルチャー部門の先生は、HIPHOPユニット「HOME MADE 家族」のMC、そして小説家でもある才能溢れる友人サミュエル・サトシさん（音楽のときはKUROさん）。ちょっとコーヒーのつもりが気づいたら4時間しゃべり倒していました！

1996年、名古屋の大学で出会った初期メンバーでグループ結成。2001年に現在の3人でHOME MADE 家族になる。当時わたしはMCのMICROさんとバイトが一緒で彼らのライブに行ったのがはじまり。もう20年も前！

小説家になったきっかけ

リョウコ（以下リ）：活動休止前最後のライブを見にいって、次は何をするのかなぁと思っていたらなんと小説家デビュー！　書く側になったきっかけは何でしたか？

サミュエル・サトシ（以下サ）：書評サイトで週に一冊本を読んで書評を書いていたのですが、それをたまたま見ていた編集者から声がかかったのがきっかけでした。僕がミュージシャンとは知らずに。僕は音楽以外で褒められたことがなかったので、ふたつ返事で「やります！」と答えたんですけど、そこからは地獄（笑）。

リ：有名だからではなく、純粋に本を深い考察で読める人、文章が書ける人として発掘されたってやっぱりすごい。ミュージシャンや作家になりたい人ってごまんといるのに、両方やってのけちゃうんですから、何者ですか（笑）。

サ：でも、小説の書き方も全くわからないし、ハゲそうでした（笑）。編集者からは赤ペンだらけで、しかもどこをどう直すべきなのかが書いてない。それを家に持って帰って「わー」って言いながら書き

直してました。ここまで言葉って考えなきゃいけないんだなとか、歌詞ももっと精査すればよかったなって後悔したりもしましたし。

創作はコーヒーとともに

サ：小説家の隣にもミュージシャンの隣にもコーヒーがあっただろうし。すべての創作物はコーヒーから生まれたんじゃないかなと思っています。

リ：うんうん。考えたことなかったけど確かに！　クリエイティブ系の友達はみんなコーヒー好きだ。

サ：僕もよく考えたらコーヒーに助けられています。今回出した長編小説も一体、何杯分のコーヒーでつくられたんだろうってくらいコーヒーを飲みながら書いたなって。僕だけじゃなくて他にもそういう人がたくさんいたんじゃないかと思って、いろいろ読み返してみました。たとえば、村上春樹さんの『職業としての小説家』には、コーヒーを淹れて執筆にとりかかるまでのルーティンが書いてあって、原稿にコーヒーをこぼした話が載っていたり。やっぱりあの村上春樹でもそうなんだって。もしこの世にコーヒーがなければ、音楽も小説も全部生まれてなかったんじゃないかとハッとしました。

リ：わたしもコーヒーがきっかけで執筆することになったので、コーヒーがなかったらまず作品どころか、この仕事をしていなくて、いまのわたしはなかったなぁ。小説やエッセイを読んでいて、コーヒーが出てきたりすると「この人もコーヒー好きなんだな」とかコーヒー好きって知れてうれしくなったりします。

ひとことENGLISH コーヒーはアーティストにとって良き助っ人です。 Coffee is a good helper for

ブラインドサッカーの全試合に足を運び、1年かけて執筆。音楽家としての経験を存分に生かし、耳でのサッカーを音楽的に描いた最新作。『ブラインドから君の歌が聴こえる』（河出書房新社）1700円（税別）

サウナ好きはコーヒー好き

リ：わたしもKUROさんも大のサウナ好きですが、わたしの中で「サウナ好きはコーヒー好き」というセオリーがあるんですよ。コーヒーって苦いでしょ。子どものときは苦いから飲めないけど、だんだんその苦味が大人になって好きになっていく。サウナも最初は熱いから入らないけど、入ってしまえばだんだんその熱さと水風呂の冷たさがクセになっていくっていう。その蜜の味を大人になって覚えるとハマるところが同じ。

サ：僕、サウナに入るためだけにフィンランドへ行ったことありますよ。だからリョウコちゃんがフィンランドの本を出したときに「わかってんな〜」って。ローカルなサウナには、なんとなく暗黙のルールがあって、みんな出ていくときに一回水をかけて出ていく作法があることに気づいて。そういうのをわかったのもおもしろかったですね。僕はサウナの前にドリップを飲んで、上がった後はアイスコーヒーを飲んでいます。

リ：ランニングは続けてますか？わたしは毎日7キロ。コーヒーを一杯飲んでから走ってますよ。

サ：僕は11キロ。今日も走って、サウナ入ってから来たよ（笑）。

アメリカとしゃびしゃびコーヒー

サ：足立倫行さんの小説『1970年の漂泊』は、作者がアメリカに自由を求めて旅に出る話なんですが、現地で働きながらコーヒーを飲むシーンがやたら出てきます。僕は子どもの頃アメリカで育ったんですが、「大人になった目でアメリカを見てみたい」とバックパックで旅したときに、途中でアルバイトをしたんです。そのときコーヒーがメインでその間に仕事っていうくらい、コーヒーブレイクがすごく大事にされていたのを思い出しましたね。

リ：わたしは日本に戻ってきて3年なんですけどアメリカが恋しくなるのは、映画にダイナーでウェイトレスがポットでじゃんじゃんコーヒーを注いでいるシーンが出てくるときですね。最近だったら『ベイビー・ドライバー』。これを作った監督はイギリス人。彼もアメリカといったらコレっていう、わたしと同じ憧れみたいなものがあるんだなぁって。そこが面白いと思いました。

サ：安いしゃびしゃび（↑名古屋弁）のコーヒーだけど、それが外国っぽさがあっていいですよね。『ブルース・ブラザース』とかでも出てきますけど、警察官がコーヒーを持っているのもアメリカっぽい。空気を吸うようにコーヒーカップを持ってますよね。『LEGO ムービー』でも最初はコーヒーから。レゴさえもコーヒーを持ってる。

コーヒーに人柄が出る

サ：コーヒーの描写って作家のコーヒー好きを表している気がします。写真家の星野道夫さんのエッセイを読むと、コーヒー片手にかなりの時間を過ごしているんです。

リ：そうなんですね。

サ：アラスカの広大な自然の中で飲むコーヒーはおいしいだろうなって想像できる。星野さんは、自分たちがこうして都会で過ごしている同じ時間に、北海道の山奥のどこかで木が倒れてヒグマが吠えている時間があることを知っているか知らないかで人生が違うって言うんですよ。ドリップコーヒーじゃないけど、星野さんが時間をかけて言葉にしていることが伝わってきます。インスタントな文章じゃなくて、読んだ瞬間に「とき」がゆっくりになる。どれだけ足を使って取材してきたかっていうことが文章に出ます。

コーヒーを飲んで書いていく

リ：最新小説『ブラインドから君の歌が聴こえる』はとても音楽的ですよね？

サ：ありがとう。音楽の素地っていうのは自分の武器だし、今後も自分の足を使って物を書いていくと思います。ワクワクすることさえあれば、また書けるのかなと。好きなことだから続くし、装っているとバレてしまう世の中ですし。

リ：お互いこれからも地獄を見つつ（笑）、ワクワクを糧に作品を世に出していけたら。コーヒー飲みながらつくった作品をね。

アメリカンなコーヒー習慣

COFFEE COLUMN 4

アメリカにいたとき、よくコーヒーをマグカップに入れて屋上で本を読んだり仕事をしたりしていました。飲み終わると自分の部屋へ戻ってコーヒーを注いで、また屋上へ、という感じです。

アメリカでは朝、マグカップを持って近所を散歩している人をよく見かけます。もちろん街中では見かけたことはないですが、わたしが住んでいたシアトル、コロラドなどの住宅街では自然がいっぱいでなぜかその姿、変じゃないんです。

ある日、旅行へ行く友人を空港に送るために車でお迎えに行ったときのこと。友人は、スーツケースの横でマグカップを手に持って立っていました。「ありがとう〜」なんて言いながらわたしの車に乗り込み、マグカップでおいしそうにコーヒーを飲んでいます。いやちょっと待って。だってまず、車乗るのにマグカップ、揺れたらこぼれるじゃん。そして飛行機に乗って旅行へ行くのにそのマグカップ、どうするの？　ですよね。

友人を見送った後、そのマグカップはわたしの車のカップホルダーに残されていました。アメリカらしいなとプププと笑ってしまいました。

そしてつい先日、東京で。朝、コーヒーを淹れてすぐ近くに住む友人宅に物を取りにいかなくてはいけなくて、歩いて到着すると友人に「プププ」と笑われました。そう、わたしの手にはマグカップ。無意識に東京のど真ん中でマグカップでコーヒーを飲みながら歩いていたのです。まったく人のことプププと笑えませんね。

Chapter

5

コーヒーを飲みに行こう！

COFFEE TRIP AROUND the WORLD

これまでにおいしいコーヒーを求めて、いろんなところへ行きました。国内はもちろんのこと、海外にもおいしいコーヒーがあると聞いたら飛んで行って飲んでみたいわたしにとって、旅とコーヒーはいつもセット。コーヒーを通してその地域や国の文化にも触れられるのもコーヒー旅の醍醐味です。たかがコーヒー、されどコーヒーなのです。

コーヒー好きが認めた個性派ぞろい！

賢者たちのお気に入りコーヒー

これまでに登場していただいた先生たち。いやもう、コーヒー賢者と呼ばせてもらいます。賢者のみなさんにお気に入りのカフェやコーヒーを聞いてみました。どのカフェもやっぱりそれぞれの個性が出ていておもしろい！雰囲気抜群で行ってみたいところばかり。

サミュエル・サトシさんのおすすめ

喫茶店セブン

路地裏に佇むノスタルジック空間

「昭和の喫茶店。時間を忘れさせてくれる場所」と、サミュエル・サトシさん。集中したい執筆中や、逆に気分転換したいときに訪れることも多いそう。創業60年近い風情のある店内で、ナポリタンやオムライス、あんみつなど食事のメニューも豊富。

ジブリ映画に出てきそうな緑におおわれたレトロでかわいい店構え。そして扉を開けると螺旋階段があったりで、さらにジブリの世界が広がります。

INFORMATION
東京都世田谷区三軒茶屋1丁目32-13
03-3410-6565　営：11:00～21:00

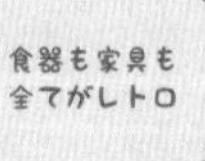

まさに古き良き昭和の喫茶店。少し時間を遡ったような気分になります。

シンプルかつ余計な混ざりけのないお店の雰囲気はここのコーヒーの味と同じ。

スコット・マーフィーさんのおすすめ

OBSCURA COFFEE ROASTERS

地域に根ざしたスペシャルティコーヒー店

「僕が日本に引っ越してすぐの頃見つけたカフェでよく通っていました。いまでもお気に入りのカフェのひとつです」。オンラインでも豆を購入することができるので、この本でコツを掴んだおうちコーヒーでぜひ。

INFORMATION
東京都世田谷区
三軒茶屋1丁目9-16
03-3795-6027
営:11:00〜20:00

ドリップ用のバッグと豆があります!

NON BLENDと書かれているとおりシングルオリジンの純正豆

INFORMATION
https://joicfp.shop/

桑原りささんのおすすめ

JOICFP CHARITY SHOP

コーヒー豆を買って社会貢献できる!

国際協力NGOのジョイセフが出している純正キリマンジャロコーヒーを購入すると、1袋につき価格の20%が世界の女性支援に使われます。お買い物で国際協力ができるのでおすすめです。ちなみに桑原さんが代表を務めるSweets Oblige by Asa & Lisaでも、プレーン味のクッキーを購入すると一部ジョイセフに寄付されています。

 ひとことENGLISH 自分だけのお気に入りのコーヒーショップが見つかりますように。 I hope you find a

池田浩明さんのおすすめ

COFFEA EXLIBRIS

シングルオリジンも買える 本格派

「僕の知ってる中でコーヒーがめちゃくちゃうまいのがこの店」と池田さん。スペシャルティコーヒーの種類が多くパンやケーキも豊富。ここで池田さんはパンのマリアージュでもあげていた「喫茶店的王道ドリップ×バタートースト」をチョイス。

INFORMATION
東京都世田谷区代沢5丁目8-16
03-3413-8151　営:13:00〜22:00
https://coffeaexlibris.shop-pro.jp/

香ばしいトーストの香りと甘いバターの匂いが漂ってきそう。

京都の古民家を古い街並みに馴染むようにリノベーションした小さなコーヒースタンド。

坂尾篤史さんのおすすめ

WEEKENDERS COFFEE TOMINOKOJI

京都らしい風情の中で とびきりの一杯を

「コーヒーの品質は当然めちゃめちゃ良いのですが、京都の街で和のテイストのコーヒースタンドでおいしいコーヒーが飲めるってところが僕がイチオシする理由です」と坂尾さん。街歩きの途中で立ち寄りたい。

INFORMATION
京都市中京区富小路通六角下ル西側
骨屋之町560離れ
075-746-2206　営:7:30〜18:00　休:水
https://www.weekenderscoffee.com/

スコット・マーフィーさんのおすすめ

HEART'S LIGHT COFFEE

音楽好きには見逃せない！

音楽とコーヒーをこよなく愛するスコットさんのおすすめは、コーヒーと音楽が一緒になっているこのカフェ。店内にはいつもアナログレコードの音楽がかかっています。「コーヒー豆を200g買うと、好きなレコードを1枚もらえるからついついコーヒー豆を買ってしまいます」

ずらりと並ぶアナログレコード。

INFORMATION
東京都渋谷区神泉町13-13　Hills 渋谷 1F
03-6416-3138　https://heartslightcoffee.stores.jp
営：(月～金)9:00～18:00 (土)12:00～19:00 休：日

京都四条烏丸の路地裏にある純喫茶文化を受け継いだ店内。バリスタチャンピオンのコーヒーを味わえます。

INFORMATION
京都市下京区綾小路通
東洞院東入ル 神明町235-2
075-708-8162
営：9:00-20:00
(L.O. 19:30)　休：火
https://okaffe.kyoto/

山下敦子さんのおすすめ

Okaffe Kyoto

バリスタチャンピオンの店

ジャパンバリスタチャンピオンシップにて優勝経験を持つバリスタ岡田章宏氏が2016年にひらいたカフェ。「バリスタ界のエンターテイナーと言われる岡田氏の接客にかかると心から楽しくて素敵な時間に。もちろん、コーヒーもとてもおいしい！カウンター席に座って岡田さんとお話をしながらコーヒーを飲んでみてくださいね」。

ひとことENGLISH　旅行中は地元のローカルカフェに行ってみて。 When you travel, try to find local

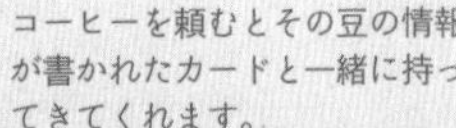

コーヒーを頼むとその豆の情報が書かれたカードと一緒に持ってきてくれます。

池田浩明さんのおすすめ

二足歩行 coffee roasters

最高級のパンとコーヒーが一緒に味わえる

ジュウニブン ベーカリーの2階部分がこちらの二足歩行。「とにかくパンもコーヒーもおいしいです」という池田さん。店内に大きな焙煎機もあり、焙煎したてのフレッシュなスペシャルティコーヒーが味わえます。

INFORMATION
東京都世田谷区三軒茶屋1丁目30-9
三軒茶屋ターミナルビル2F
03-6450-9737
営:(月～金)10:00～18:00　(土日)9:00～18:00

坂尾篤史さんのおすすめ

Artificer Specialty Coffee Bar & Roastery

シドニーに行ったら訪れたい

オーストラリア・シドニーにあるシドニーのベストバリスタに選ばれたDAN YEEさんと佐々昌二さんの二人が立ち上げたコーヒー屋さん。「ここはフードは一切なしのコーヒーのみを提供するコーヒースタンドとして目指すべきスタイルをすべて持っているところだと思います」。

最高の一杯を提供するための完璧な作り。いつかは行ってみたい！

INFORMATION
547 Bourke St, Surry Hills
NSW 2010 オーストラリア
営:(火～金)7:00～13:00
(土日)8:00～13:00　休:月
https://artificercoffee.square.site/

中は吹き抜けの天井で圧巻の広さ。コーヒーだけじゃなくワインの数も豊富です。大きな焙煎機でローストされる豆の香りが漂ってきます。

山下敦子さんのおすすめ

TAKAMURA Wine&Coffee Roasters

併設のグロッサリーショップもおすすめ

ワインとコーヒーの専門店で、他にも色々な食材が豊富にそろい、見ているだけでも楽しいショップです。世界的に高く評価されたコーヒー農園や作り手のコーヒーを随時豊富に取りそろえています。山下さんいわく「たくさんあってどれがいいのか迷ってしまっても、スタッフの方が丁寧に教えてくれるので安心です。その場でも飲めるので、豆を買う前に1杯飲んでみるのもおすすめ」。

大阪のオフィス街に突如現れる倉庫のような建物。

INFORMATION
大阪市西区江戸堀2丁目2-18
06-6443-3519
営:11:00〜19:30　休:水
https://takamuranet.com/

ゆったりソファに座ったり、テラス席で外気を楽しんだりできます。

ひとことENGLISH　初めての店ではバリスタさんにおすすめを聞いてみて。Ask your barista for their recommen

本を持って出かけたい！
わたしのお気に入り古き良き喫茶店

渋谷

茶亭羽當（ちゃていはとう）

東京都渋谷区渋谷1丁目15-19
営11:00～23:30(L.O.23:00)

隠れ家的喫茶店ですが、いいところを知ってる人はよく知ってますね、いつも満席です。ついつい長居してしまう居心地のよさ。

一回の青信号で3000人が移動するといわれている渋谷スクランブル交差点。そんなせわしい渋谷のパラレルワールドのような場所が、ここ茶亭羽當。ホットコーヒーを頼むとその人の雰囲気に合わせたデザインのカップを選んでくれて出してもらえます。久しぶりに会う友人とじっくり話をしたいときは必ずここへ。

神泉

名曲喫茶ライオン

東京都渋谷区道玄坂2丁目19-13
営11:00～22:30(L.O.22:30)　http://lion.main.jp

チャラチャラした雰囲気（笑）のお店が並ぶ中、突如現れる西洋の城のような建物。厳かな空気が流れています。

1926年から続く、いままで出会ったことがないタイプの老舗喫茶店。というのも、その昔レコードプレイヤーが家にない時代に音楽を聞きにくる場所で、いまもそのままのスタイルが続いています。椅子とテーブルはすべて電車に乗っているような一方向を向いていて、おしゃべり禁止です。ときの流れが完全に別世界。

サードウェーブ系のカフェも好きだけど、暗さがある喫茶店もとっても好き！

名古屋

珈琲処カラス

愛知県名古屋市中区栄１丁目12-2
営(月～金)7:45～18:00　(日祝)9:00～17:00

名古屋御園座のすぐ隣にある古き良き喫茶店。常連さんばっかりかなと一瞬躊躇しますが、中に入るとお店の方はものすごくフレンドリー。

名古屋で一番好きなレトロ喫茶です。名古屋の喫茶店って朝、コーヒーを頼むと勝手にトーストとゆで卵がついてくるんですよ。名古屋育ちのわたしはそれが普通だと思っていたので、他の都市で朝コーヒーだけが出てくることが逆カルチャーショックでした。カラスも同じく勝手にトースト＋ゆで卵、来ます。そして名古屋のソウルフード、あんトーストもあります。

神戸

神戸にしむら珈琲店 中山手本店

神戸市中央区中山手通1丁目26-3
営8:30～23:00　http://www.kobe-nishimura.jp

そびえ立つ立派な洋館の外装はなんだかヨーロッパに突然ワープしたかのような気分に。中も最近ではなかなか出会えないレトロさ。

わたしの祖父母、そして母、わたしと我が家三世代がお気に入りで通っている1948年から神戸で続く喫茶店。でも創業当時から喫茶店らしい濃いブレンドではなく、シングルオリジンの豆をストレートで提供するという元祖サードウェーブ。神戸に住む祖母に会いに行って、神戸サウナ＆スパでととのってから、にしむら珈琲店というのがわたしの神戸セット旅です。

ひとことENGLISH　古い喫茶店では時間の流れが違うように感じられます。 Time flows differently when

SEATTLE

わたしをコーヒー好きに変えてくれた場所

セカンドウェーブの発祥地シアトル

HERE

仕事で
住んでいました！

シアトルとコーヒーとわたし

　コーヒーを一切飲まなかったわたしを立派なコーヒーマニアに育て上げたシアトル。そんなシアトルがどんなところかをよく表している映画があります。ヴァンパイアと人間が恋に落ちる映画『トワイライト』をご存じでしょうか。暗くて雨ばっかりで、そりゃ太陽が苦手なヴァンパイアも住み着くよね、というのがシアトルの気候です。そしてもうひとつ『ツインピークス』というドラマをご存じでしょうか。暗い雨の中、殺人事件の謎に迫る主人公がコーヒーをいつも飲んでいるのですが、そりゃコーヒー飲まなきゃやってらんないよね、というのがシアトルのコーヒー文化です。

　シアトルには仕事で赴任することになり、例外なくわたしもコーヒーを飲まないとやってられなくなり、コーヒーにどハマりしてコーヒーのサイトを立ち上げ、コーヒーの本を出版するというコーヒーづくしの道へ行くのですが、いまでもどんよりした雨の日のコーヒーが一番おいしいと感じるのは、やはりシアトルDNAがしっかりと刻み込まれているのかなと思います。

9月から4月くらいまではそんな暗くて雨の多い天気ですが、シアトルの夏は最高です。夜10時ごろまで明るく、爽やかでまぶしい季節です。この刹那的な美しい夏のために長くて暗い冬を耐えているのだと思います。

WINTER

SUMMER

コーヒーがないと生きていけない人たちの街で

コーヒーカップが手にくっついて生まれてきたんじゃないかっていうほど歩いているときさえもコーヒーを飲み続けている人ばかりのコーヒーの街で、コーヒー嫌いでひたすら紅茶をオーダーしていたわたしも、その文化にあらがうことができず、ついにコーヒーを飲んでみることに。コーヒー好きの友人に「これを飲んで」と言われたのがCaffe Ladroのラテ。

……革命的でした。ミルクはシルクのようになめらかで甘く、コーヒーの苦みと最高のハーモニー。「これがラテというものなのか！」とはじめてコーヒーはおいしいものだと感じました。そこからは失った時間を取り戻すかのようにシアトル中のカフェへ行き、色々なコーヒーを試す日々がはじまったのです。

シアトルには、スターバックスなどのチェーン店や昔から地域に根付くカフェ、そして新しいサードウェーブ系など数えきれないほどのカフェが存在します。それぞれのお店に個性があり、来ているお客さんの雰囲気にも味がありますが、わたしもいろいろ巡っているうちにお気に入りのお店がいくつかできました。

シアトルとセカンドウェーブの関係

4章のサードウェーブのページに少し書きましたが、おいしいコーヒーをカフェで飲むというセカンドウェーブのムーブメントを作ったのがシアトル系コーヒーと言われています。代表的なのはもちろんスターバックス。そしてタリーズ、シアトルズベストなどです。エスプレッソドリンクやフラペチーノでセカンドウェーブを牽引したスターバックスですが、近年はシングルオリジンの豆やこだわりの抽出方法などを推進していてサードウェーブにしっかりついて行っています！

スターバックス１号店に行ってきました！

１号店は観光名所であるパイクプレイスマーケットにあります。パイクプレイスマーケットは観光地でありながらも、地元の人が普通に食材を買いに来る市場。わたしも住んでいるときはごはんを食べに行ったり買い物して帰ったりするところでした。そんな中にある１号店はいつも行列が。１号店のセイレーンのロゴが元祖なんですが、いまのロゴと比べると体つきがめちゃくちゃ写実的で顔も怖め。１号店グッズも色々あるので、シアトルに行ったらやっぱり外せない観光スポットです。

INFORMATION
1912 Pike Place, Seattle

いつも激混みですが、せっかくなので並んで中に入ってみましょう。

DO YOU SEE THE DIFFERENCE?

シアトル式と
イタリア式の違い、
わかりますか？

＼どうやって作ってるかよく見える／

ITALIAN STYLE

エスプレッソマシンの置き方が違うんです。イタリア式は、エスプレッソを抽出するバリスタの手元の様子がお客さんから見えるようにマシンが置かれています。その代わりお客さんはマシンに向かって立つバリスタの背中を見るのがイタリア式。

＼ちょっとしたおしゃべりが楽しい／

SEATTLE STYLE

シアトル式はエスプレッソマシンの背中側がお客さんに向けてあるので手元は見えませんが、その代わりにエスプレッソを作っているバリスタと顔を合わせておしゃべりしながらコーヒーを注文できるようになっています。

シアトルに行ったらチェック！

おすすめ 独立系カフェ

シアトルには個性豊かな独立系カフェもいっぱい。
たくさんのカフェを巡ってきましたが、この4つはわたしの大のお気に入りです。
シアトルに家族や友人が来たら必ず強制的にお連れしていました（笑）。

Milstead & Co.
ミルステッド　アンド　コー

わたしがシアトルで一番おいしいと思うサードウェーブカフェです。スターバックスで豆の買い付けをしている友人に「すごいところを見つけた、すぐ行ってみて」と勧められて知ったお店。アメリカのベストコーヒーショップランキングの常連さんです。

INFORMATION
754 N 34th St, Seattle,
WA 98103
http://milsteadandco.com/

写真提供：Dan Cole

移転と改装を繰り返してやっと落ち着きました。おしゃれさが毎回グレードアップしてます。

Lighthouse Roasters
ライトハウス　ロースターズ

豆を買うのはここと決めています。絶対的においしい豆です。住宅地にポツンとあるお店ですが、シアトルのコーヒー好きなら知らない人はいないという有名なロースタリーです。店内はテーブルは数個のみ、wi-fiもなし。さっと一杯、またはテイクアウトが◎。

INFORMATION
400 N 43rd St, Seattle,
WA 98103
https://lighthouseroasters.com/

一軒家のお店の中は一日中稼働している焙煎機のおかげでものすごくいい匂いが漂っています。

じつは……シアトルでついに
自宅用エスプレッソマシンを買いました。
毎日カフェに行きつつ、
自宅でも淹れていました！

Volunteer Park Cafe
ボランティアパーク　カフェ

いつも地元の人で賑わっている愛すべきローカルカフェ。地元の人に溶け込んでコーヒーを。

シアトルには公園がたくさんあるんですが、ブルース・リーも眠る墓地があるボランティアパークの入り口近くの住宅街にこれまた看板もなくポツンとあるカフェ。食材は地元で取れたオーガニック、卵は庭にいるニワトリのもの。

INFORMATION
1501 17th Avenue East, Seattle,
WA 98112
http://alwaysfreshgoodness.com/

Zoka Coffee Roasters & Tea Company
ゾカ　コーヒー　ロースターズ　アンド　ティー　カンパニー

コーヒーはフェアトレードのもののみ。バリスタさんは全員知識いっぱいで最高にフレンドリー。

シアトルの人たちが大好きな湖があるグリーンレイク公園。そこから少し歩いたところにあるのがZokaです。お客さんは本を読んだり仕事をしたり、チェスをしたりと自由そのもの。わたしも1冊目のコーヒー本はここで書き上げました。

INFORMATION
2200 N 56th St, Seattle,
WA 98103
https://www.zokacoffee.com/

ひとことENGLISH　ラテのスモールをください。 I would like a small latte please.（アイウッド　ライク　ア　ス

MELBOURNE

HERE

チェーン店が流行らない街

センス抜群！独自路線を行くメルボルン

メルボルンとコーヒーとわたし

「世界一住みやすい街」に選ばれ続けているオーストラリア・メルボルン。独自のカフェ文化が根付いていることでも有名で、あのスターバックスが流行らず、2018年にオーストラリアでの事業撤退を発表したほど。中でもメルボルンのカフェ文化はすごいとコーヒーマニアたちに何度もそう聞かされていました。

でもシアトルのカフェ文化に育てられたわたしは、なかなかメルボルンへ行こうとせず。というのも、行くと骨抜きにされて浮気しているような気になるってわかっていたからです。例えて言うなら、本当はApple Musicで音楽を買えば楽なのに、ずっとCDを買っているみたいな……。

そしてついに2018年、メルボルンへ行ったんですが、まんまと心を盗まれてしまいました。とにかくどこのカフェも個性、やさしさ、そして本気が溢れています。脱帽ものです。

そしてメルボルンの「コーヒー民度」にも驚かされました。彼らにとってコーヒーは食事と同じ。どこのレストランで何を食べるかというチョイスと同じように、コーヒーを選ぶときも、チョイスしているのだと感じました。

プロっぽい注文の仕方にうなります！

メニューがアメリカや日本などとはまったく違います。ドリンクメニューといえば、ドリップ、アメリカーノ、エスプレッソ、ラテ、カプチーノなどが並んでいますよね。メルボルンではWHITE、BLACK、FILTERしか書いていない！　英語が話せてもコーヒーが好きでも、戸惑いました。どうやって注文するの？って。苦し紛れに「WHITEください」と言うと「どういう飲み方で？」と聞かれました。WHITEはラテやカプチーノなどミルク入りのコーヒーのこと。ただ細かくは書いていない！　書かなくてもどんな種類のドリンクがあるのかをメルボルンの人は知っているということなんです。

オーストラリアで人気なフラットホワイトとは？

ラテやカプチーノと同じくミルクとエスプレッソで作られていますが、使うミルクのテクスチャーが違っています。図にしてみました。

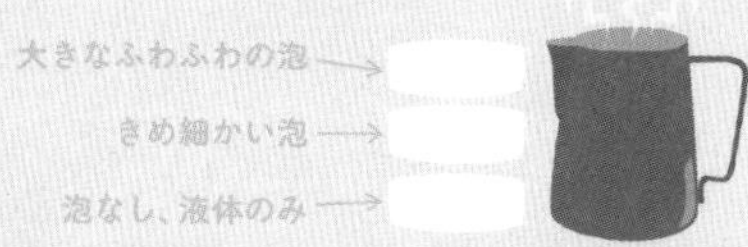

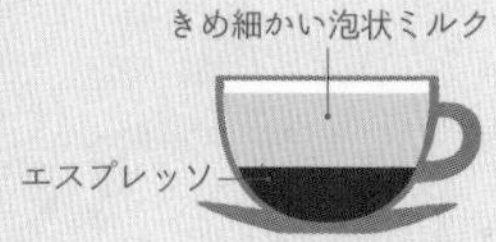

フラットホワイト
クリーミーな
エスプレッソドリンク

泡なし
ミルク
ふわふわの泡
エスプレッソ

カプチーノ
ふわふわ泡ミルクの
エスプレッソドリンク

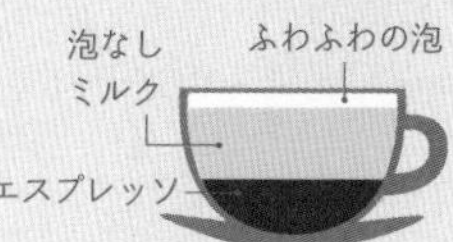

ラテ
コーヒー牛乳ならぬ
エスプレッソ牛乳ドリンク

エスプレッソ強め ⟷ 牛乳強め

 ひとことENGLISH　ミルク入りのコーヒーの気分なので、カプチーノをください。 I feel like a white coffee,

メルボルンに
行ったら
チェック!

コーヒーにかける想いが 半端ないカフェ

メルボルンで巡ったカフェで特に印象に残ったところがこの5つ。
それぞれ個性が爆発していました。コーヒーを飲み終わって出るころには
ボーッとしてしまうほど感銘を受けましたね。

SEVEN SEEDS
セブンシーズ

メルボルンの代表的なカフェ。コーヒーをオーダーするとその豆のプロフィールカードを渡されます。どこの国のどの農家さんがどんな味を作ったのか、農家さんの人となりまで記されています。カードを読みながら飲むと遠い国から旅をしてこのカップにやってきたんだという感謝が湧きます。食を知るということを教えてくれるお店。

広い店内は右手にカフェスペース、奥にはキッチンもありしっかり食事もオーダーできます。

INFORMATION
114 Berkeley Street, Carlton VIC 3053　+61 3 9347 8664
営月～金 7:00～17:00 / 日 8:00～17:00　休なし

MARKET LANE
マーケットレーン

メルボルン市内に5店舗展開するMARKET LANE。このお店のスローガンである「We love to make coffee for the city that loves to drink it（コーヒーが大好きな街のために、わたしたちはコーヒーを作るのが大好きだ」)」に心を撃ち抜かれました。そんなひとたちが淹れてくれるコーヒーは愛のこもったやさしい味わいです。

ドーナツなどのペイストリーもあります。小さいですが、座る場所もあるのでゆっくりできます。

INFORMATION
163 Commercial Rd, South Yarra VIC 3141　+61 3 9804 7434　営月 7:00～15:00 / 火 7:00～17:00 / 水 7:00～16:00 / 木～土 7:00 ～17:00 / 日 8:00～17:00　休なし

PATRICIA
パトリシア

このカッコよすぎの攻めた店構え！でも中に入るととってもやさしいスタッフの人たちが出迎えてくれます。

路地裏の看板すらない店構えなのに行列が。ここメルボルンの人たちは本当においしいものをよく知っています。入るや否や「そのアクセントは、アメリカ？　何が飲みたい気分？」と明るく声をかけてもらって一安心。メルボルンでは珍しくカウンターのみ。出勤前やお昼にさっと飲む人で賑わっています。

INFORMATION
493-495 Little Bourke St, Melbourne, VIC, 3000
営7:00〜16:00　休土日

AU79
エーユーセブンティナイン

天井の高いお店。植木屋さんとカフェが一体化したような雰囲気でのコーヒーとブランチは最高です。

自然の草木がいっぱいに広がるAU79。コーヒーや朝ごはん、ブランチをいただきながらゆっくり時間を過ごすのがおすすめです。ちなみにここのヘッドロースターは日本人の平山峰一さん。コーヒーの個性にひたむきに向き合う情熱と、いつまでも上を目指しておごらない姿勢に、じつはこっそり涙しました。

INFORMATION
27-29 Nicholson St, Abbotsford VIC 3067　+61 3 9429 0138　営月〜金7:00〜16:00/土日8:00〜16:00

ACOFFEE
アコーヒー

お店の中に入った瞬間、「アパレルの高級セレクトショップ？」と思ってしまったくらいのすてきな雰囲気でした。

圧倒的にオシャレな空間のACOFFEE。食器、豆のパッケージ、小物の配置、すべてが突き抜けすぎていて、カフェのデザインプロデュースもここまで来たかと衝撃を受けました。飲みはじめの熱いときと冷めたときで味が変わることまで計算されて作られているというから、もうわたしは何も言うことありません！

INFORMATION
30 Sackville St, Collingwood VIC 3066　+61 3 9042 8746　営土日8:00〜16:00 / 月〜金7:00〜16:00

 ひとことENGLISH　先に支払いですか？　あとですか？　Do I pay now or after?（ドゥー　アイ　ペイ　ナウ

LONDON

紅茶の国イギリスのコーヒーシーンはいかほどに？

コーヒーが主流だった時代もあったとか

イギリスのコーヒー、レベル高いです

イギリスとコーヒーとわたし

イギリスといえば紅茶ですが、コーヒー事情はどう？と思い、コーヒーを飲む旅へ

ふわふわのきめ細かいミルクのラテは癒し

ロンドン、オックスフォード、ケンブリッジへと巡ってきました。結論からいうと、イギリスのコーヒーシーン、なかなかのものです。オーストラリアとアメリカが混じったようなメニューで、エスプレッソ系ドリンクも人気のようですし、フィルター（イギリス、オーストラリアではドリップのことをこう呼びます）もシングルオリジンの豆など、もう紅茶だけの国だなんてイメージは完全払拭でした。

左上：ヘルシーで、美しく、おいしい。　右上：わたし史上一番おいしかった。ヴィーガンのお店。マッシュルームとアボカドトースト。　左下：プリンチに出会ったのもロンドンでした。

観光とコーヒー、セットで巡る旅

一応イギリスのソウルフードも

kaffeine

オシャレで食事も意識高めなkaffeine。人気店で座る場所の取り合い！

TAB x TAB

映画『ノッティングヒルの恋人』巡礼途中寄ったイギリスで最初に飲んだコーヒーがこちら。「おお！いいじゃない！」とスタートから好印象。

Monmouth Coffee Company

おそらくロンドンで一番人気のカフェのMonmouth Coffee Company。動く隙間もないくらい混んでいる店内で築地の朝市みたいに手を挙げて指されたらやっと注文できます。

Helter Skelter

じつはわたし、ビートルズの大ファン。アビーロードへ行くにはセント・ジョンズ・ウッド駅で降りるのですが、そこにビートルズがテーマのカフェが。

Workshop Coffee

ラテがおいしいと有名なWorkshop Coffee。入ろうとしたら警察が2人いて何事かと思ったらコーヒーブレイク中でした。

 ひとことENGLISH 一杯、いかがですか？ Do you fancy a cup?（ドゥーユー ファンシー ア カップ?）

サウナとオーロラだけが魅力じゃない！

コーヒー消費量世界No.1のフィンランド

フィンランドとコーヒーとわたし

拙著『週末フィンランド』の中で、サウナのことばかり書いているのでサウナが好きでフィンランドにハマったと思われがちですが、最初のきっかけはコーヒー。

というのも、フィンランドが世界で一番コーヒーを飲む国だと知り、当時アメリカで一番コーヒーを飲む都市シアトルに住んでいたこともあり「どれだけコーヒー好きなのか見に行ってやる！」と息巻いて行ったのがすべてのはじまり。

コーヒークレイジーなヘルシンキに到着して人々を観察してみると、意外や意外、シアトルのようにコーヒーカップを片手に歩いている人はあまり見当たらず。そしてそこら中にカフェが乱立しているというわけでもありません。でもカフェをのぞいてみると、朝でも昼でも夜でも人でいっぱい。そしてヘルシンキの人たちはカフェでおしゃべりをしながらとっても楽しそうにコーヒーを飲んでいました。

フィンランドの一人当たりの年間コーヒー消費量は12・2キロ。日本は3・5キロなので、その消費量が圧巻であることは一目瞭然。はじめてのヘルシンキからかれこれ7年フィンランドへ通いなんとなくわかったことは、もちろん彼らが単にコーヒー好きということもありますが、フィンランドの気候も関係あるような気がします。

フィンランドの秋から春ま

こちらユヴァスキュラ空港で歩いて飛行機に向かっているときです。

ヘルシンキ市内の港の様子です。街並みと海がこんなに近いんです。

では極夜で、朝は夜のように暗く、午前10時くらいにでもやっと夕方くらいの明るさ。そして夕方のまま太陽が沈んでいきます。そんな寒くて暗い時期がずっと続くので、彼らにとっては飲めば元気になれるあたたかいコーヒーが必需品なのかなと思っています（もうひとつ、フィンランド人の心と体がすこやかな理由は、もちろんサウナ！）。

ヘルシンキに
行ったら
チェック！

デザインも楽しめる ヘルシンキのカフェ

**ヘルシンキでは行きたいカフェがいくつもあって、いつも日にちが足りません！
ヘルシンキ滞在中にハズせない特にお気に入りのカフェがこちらです。**

KAFFA ROASTERY
カファ・ロースタリー

フィンランドのサードウェーブコーヒーの代表格がこちらのカフェ。焙煎所が併設されています。豆を選んでから淹れ方を選びます。３章で習ったように「チョコレートっぽい味なら、どの豆がおすすめ？」と聞いてみましょう。選んだ豆に合った淹れ方も教えてくれたりと、寡黙ながらもみなさんやさしいです。

ドリップはアラビアのカップで。

INFORMATION Pursimiehenkatu 29, 00150 Helsinki +358 50 3065499

JOHAN & NYSTRÖM
ヨアン＆ニーストレム

ヘルシンキのシンボル、白亜の大聖堂から少し東へ行った港に面した赤レンガ倉庫の建物の中にあります。店内も赤レンガで古さと新しさが融合された雰囲気。わたしは朝イチにここへ来て、この外のテーブルでぼんやりと港のヨットを眺めながら、モーニングコーヒーをするのが好きです。

2階建ての吹き抜けの店内も煉瓦造り。

INFORMATION Kanavaranta 7C-D, 00160 Helsinki +358 40 5625775

IPI KULMAKUPPILA
イピ・クルマクッピラ

ハカニエミマーケットのすぐ近くにあるカフェ。フィンランドのカフェは浅煎りが多い中、ここのコーヒーはわたし好みの重すぎない中煎り。必ず豆を買って帰ります。大きな窓ガラスから光が差していて明るいカフェで、ランチもおすすめ。健常者と障がい者のスタッフが一緒に働いているのもここの特徴です。

ペイストリーや食事もレベル高し。

INFORMATION Porthaninkatu 13, 00530 Helsinki +358 45 6164776

CAFE AALTO
カフェ・アアルト

たくさんの本に囲まれてコーヒーを。

エスプラナーディ通りにあるモダニズム建築の巨匠アルヴァ・アアルトが建築デザインした老舗書店、アカデミア書店内にあります。映画『かもめ食堂』の中で主人公がガッチャマンの歌を教えてもらったカフェです。カフェ内はもちろんアアルトの家具がそろえられています。

INFORMATION Pohjoisesplanadi 39, 00100 Helsinki +358 50 4924942

CAFE REGATTA
カフェ・レガッタ

ここは現金のみなので、お忘れなく！

シベリウス公園のすぐそばにある漁師小屋を改装した、フィンランドの田舎町に来ている感じのカフェです。カフェでコーヒーと一緒に名物の自家製シナモンロールを購入したら外のテーブルへ。海を眺めながら夏は涼しい風に吹かれて、冬は焚き火の近くで飲むコーヒーは最高の気分にさせてくれます。

INFORMATION Merikannontie 8, 00260 Helsinki +358 40 4149167

FAZER CAFÉ
ファッツェル・カフェ

観光スポットとしても寄っておくべき

フィンランドの老舗チョコレートブランドFAZERのカフェ。いつもお土産を買う観光客で賑わっています。チョコレート屋さんなので、ここのチョコをおいしくいただくために、コーヒーを飲んで欲しいです。最高の組み合わせです。ケーキやサンドイッチなどもあります。

INFORMATION Kluuvikatu 3, 00100 Helsinki +358 20 7296703

 ひとことENGLISH コーヒーと何が合うと思いますか？ What do you think goes well with your coffee?

BRAZIL

コーヒー農園が世界最大の地！

ブラジルへ、コーヒーを飲みに行ってきました

ブラジルとコーヒーとわたし

「ブラジル輸出投資振興庁の者ですが、わたしたちのコーヒーを飲んで欲しいのでブラジルへ招待したい」というスパムメールが連日届き、もちろん無視していると「頼むからメールを見てくれ」とすべてのSNSアカウントにメッセージが。それはスパムではなく、正真正銘本物の政府観光局からのお誘いだったという冗談みたいな本当の話で、地球の裏側ブラジルへ行くことに。

ブラジルのバリスタチャンピオンにブラジル各地のコーヒー農園を案内してもらうというテレビの撮影で、12日間行ってきました。

でも正直、空港に着いたらコーヒーの麻袋に入れられて臓器を取られるかもしれないと最後の最後までスパムの疑念を捨てきれず心配していました。12日後には疑惑たっぷりで到着したその空港で、感謝と感動で泣いてしまうという事態になるほど、文化的にとても新鮮で、かつブラジル人のおもてなしの心に触れたかけがえのない旅になりました。

わたしのブラジル旅12日間、ぜひご一緒ください。

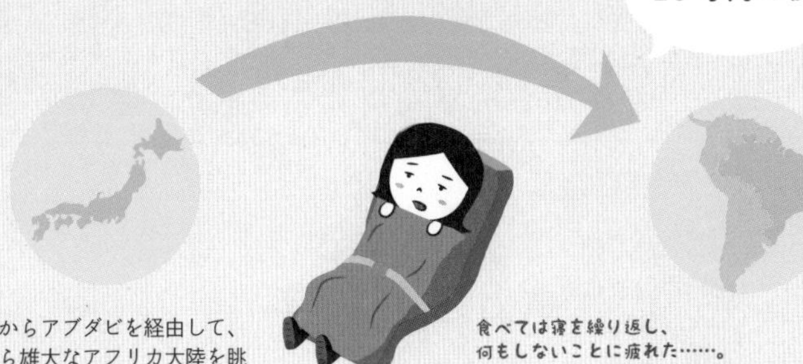

日本からアブダビを経由して、空から雄大なアフリカ大陸を眺め、食べて寝る、食べて寝るを繰り返すこと28時間。ブラジル、サンパウロに着きました。

ブラジルは「コーヒー」を飲まない？

到着後、ホテルでお茶でも飲もうかなと思ったら、部屋に湯沸かしポットがない。「お湯のポットが欲しいんですが」と電話してみても持ってきてくれず。ブラジルではフロントにコーヒーはあるけれど、部屋でお湯を沸かして何か飲むという習慣はない様子。

そして翌朝、朝ごはんを食べに行くと人工甘味料のシロップがずらり。ブラジルの人はコーヒーを甘くして飲むのが好きなようです。

そしてもうひとつ、ブラジルに着いてコーヒーを頼むとエスプレッソがなぜか出てくるんです。聞き間違えかなと思っていましたが、3日ほど経ってこの国ではコーヒーというのはエスプレッソを意味しているんだと気付きました。そう、メニューに「ドリップ」がないんです。ブラジルでは小さなカップで出てくるエスプレッソに砂糖や甘味料を入れてクイッと飲みます。家ではエスプレッソマシンがないのでドリップを飲むらしいのですが、基本カフェではエスプレッソ。ブラジルはエスプレッソ文化なんですね。

消毒液みたいですが甘味料のシロップです。

世界のコーヒーの1/3を生産するブラジル

翌日からさっそく撮影がはじまります。一緒に出演するウーゴさんはブラジルのエアロプレスチャンピオンで、自分で豆を選び焙煎するロースタリーもやっている方。彼と一緒に農園を旅します。

出会ってすぐ撮影。でもすぐ打ち解けました。

世界で出回っているコーヒー豆の3分の1はブラジル産と言われていますが、実際どんな風にコーヒーが栽培され、農家さんが働いているのかを見るのははじめて。しかし、ブラジルの面積は日本の22・5倍で世界5番目の大きさ。とにかくデカイので、移動に時間がかかります。最初にウーゴさんとサンパウロで会って、コーヒーで乾杯。そこから4時間ほど運転して着いたのがポンデケージョ発祥の地、ミナスジェライス州。ここにある農園からスタートです。

ちなみにブラジルの朝ごはんはフルーツ満載。フルーツ、ケーキ、チーズ、パン、そしてフルーツの生搾りジュースと朝からよく食べます。もちろんポンデケージョも。

食べないと損した気分になるほどの豪華な朝ごはん！　これが毎日なんです。

ブラジルの
2月はキラキラ
した初夏

農園でのカッピング体験

2月のブラジルはまだコーヒーチェリーが緑色で収穫前。なので訪ねて行った農園ではそれぞれの品種の木を見て回ったり、農園がどう運営されているかを見せてもらったりしました。農園を見ていると、次は収穫に参加したい！と強く思いました。

まずこちらの農園はスーパーオーガニックで豆を育てていて、井戸水にサウナでいうヴィヒタみたいな葉っぱを束ねたものに浸し、それをコーヒーノキにやさしくウィスキングしていくという方法で水やりしているとのこと。機械をつかわず手作業ですべてやっています。

まだ緑色のコーヒーチェリー。

農園の方に説明を受けてコーヒーのお世話実践中。

次は、コーヒーチェリーを食べるのが大好きなジャクーという鳥が来る農園。この鳥がコーヒーチェリーを食べて出したフンの中から取り出したコーヒー豆は、酸味が少なくとっても口当たりがよいそうです。

ここではカッピングをさせてもらいました。ジャクーのフンの豆と、それぞれの品種をカッピング用に焙煎して抽出、カッピングをおこないます。

農園内でスペシャルティコーヒー協会が定めた基準・手順で評価する「グレーダー」がいて彼がしっかり豆の味の評価をして、輸出しているので品質は抜群です。ちなみに鳥のフンのコーヒーは、やさしくまろやかでした！

これが
ジャクー
バード

ブラジルの人はどれくらいコーヒーを飲む？

高速の途中で立ち寄ったカフェは妙に個性的。

コーヒー生産№1の国の人たちも、やはりコーヒーが大好き。アメリカのようにカップを持ち歩いて飲んでいる人は見かけませんでしたが、エスプレッソをささっと飲みます。撮影クルーも全員暇さえあれば飲んでいましたし、移動中にサービスエリアに着くと、撮影クルー全員がカフェに並んでいるという光景を何度も見て笑ってしまいました。サードウェーブのようなコーヒーの種類や豆のこと、農園のこと、淹れ方などにまで気を使っている人はまだまだ少ないかもしれないですが、コーヒー大国の飲み物としてのコーヒーの地位は絶大。

さてコーヒー大好きなブラジルの人たちについてですが、みんな陽気でバスの中で歌ったり踊りだしちゃったりするイメージでした。でも、わたしが出会った人たちはみんな、周りに気を使い、和を大切にする、やさしくて温和で、義理堅い人ばかりでした。12日間、15人のブラジル人の中にわたしだけ日本人でポルトガル語も話せないわけですが、一度も孤立したり話についていけなくてボーッとすることはありませんでした。それは15人のみんながわたしを中心に和を保っていてくれたおかげだと思っています。

帰国直前に行った農園の豆がおいしくて「買って帰りたい」と言うと、生豆しかないとのことで断念。ところがその夜、農園の方がわたしのために生豆を焙煎して真っ暗な山道を30分も運転して、ホテルまで届けてくれました。ブラジル人のおもてなしの心って日本人に似ているなぁと感じました。日本に帰ってすぐにその豆を飲んだのですが、とてもやさしい味でウルッときました。

ここに見えてる木は、すべて日本人のため！

こちらの農園。見渡す限りすべてコーヒーノキ！　農園のオーナーさんが「ここに見える木は全部、イエロー・バーボンだよ」と教えてくれました。「バーボン？　ここではウィスキーも作ってるの？」と頭の中は大混乱。それもそのはず、アラビカコーヒーの品種で「ブルボン種」というのがあるんですが、英語での発音が「バーボン」。ウィスキーのバーボンと同じ発音なのです。ややこしい！

日本で飲まれているコーヒーは結構な割合で、このイエローブルボン種なんですが、ここに見える木は全部日本の人が買うとのこと。日本のためにこんなにコーヒーを育ててくれているなんて！　と思わず「ありがとうございます」と言ってしまいました。

ここに見える木は見渡す限りすべてコーヒー

続けてオーナーは「日本人は値切ったりせず、品質に見合ったお金を惜しみなく出して買ってくれるから、ますます頑張って育てて取引したくなるんだよ」と話してくれました。地球の裏側で心のあるビジネスを日本人がしていること、そしてその心に応えてよりよいコーヒーの生産を目指しているブラジル人がいること。なんだか涙が出ちゃいました。

ブラジルの農園をまわって生産者の方たちと実際に会ってお話しして以来、コーヒーを飲むたびに、このコーヒーはどんな人たちが作っていて、どうやってカップまでたどり着いたのかなと思うようになりました。生産者と消費者が物理的には遠くても連携することがサードウェーブ、そしてSDGsにつながることなのだと思います。

コーヒーノキの苗を植えさせてもらいました

おわりに

この本を書き終えて、おいしいコーヒーってなんだろうって考えてみました。一番おいしいコーヒーは、淹れてくれた人の思いが詰まったコーヒーだなと。そして一番おいしくコーヒーを飲むコツは「淹れてくれてありがとう、うれしいな」って思いながら飲むことなんじゃないかなと思います。

だってコーヒーって究極な言い方をすると、ようは焦がした種を砕いてお湯と混ぜただけの茶色い汁なんですよ。でも何百年もの長い間、国も人種も問わず世界中に推しがいる愛すべき飲み物。そしてわたしもそんな飲み物界のスーパースターにすっかり身も心も奪われているひとりなのです。わたしにとってコーヒーは、毎日の大切な「食事」であり、仕事をこなすのを手伝ってくれる相棒であり、わたしを元気にしてくれたり、落ち着かせてくれたりする恋人でもあります。

そして「人と出会わせてくれる」というところでもコーヒーには感謝しています。この本に登場してくれた先生たち、編集のみなさんとそれぞれ最初に会った日のことを思い返してみると、もれなく全員、出会った日はコーヒーを飲んでいるんです。まさにコーヒーがつなげてくれた人たちと作った本です（この本、『週末フィンランド』

とまったく同じメンバーで作りました）。

いつも「リョウコさんっぽさがイイ！」と自由に書かせてくださる大和書房・編集担当の藤沢陽子さん、わたしが好きなこと・やりたいことをいつも形にしてくれる企画編集のマーベリック大川朋子さん、奥山典幸さん、わたしの閉まっている引き出しを一つずつ丁寧に開けてくれた編集の丸山亜紀さん、ＡＰＲＯＮの植草可純さんと前田歩来さんは、わたし好みのデザインとキュンとなる装丁、ずっと触っていたい質感で本を仕上げてくださいました。そして、登場してくれたやさしい先生たちとコーヒー味のビールを作ってくれたデビルクラフトさん。みなさんのおかげでやっぱりコーヒーって楽しいと思いました。というわけで、またできあがっちゃいました、いい本！

最後に。これまでコーヒーを通していろいろな世界で生きるたくさんの友人たちと出会ってきました。これからもコーヒーは不思議な縁やおもしろい出会いをわたしに運んできてくれるんだろうなって思っています。みなさんにとっても、コーヒーがそんな存在でありますように。そして今日も、思いの詰まったおいしくてうれしいコーヒーに出会えていますように。

２０２０年11月　おうちにて　岩田リョウコ

RYOKO IWATA

岩田リョウコ

兵庫県生まれ名古屋育ち。コロラド大学大学院で日本語教育学を学び、2009年から外務省専門調査員として在シアトル総領事館勤務。2012年にアメリカでコーヒーの基本やトリビアなどをわかりやすくイラストで解説するサイト「I LOVE COFFEE」を立ち上げる。わずか2か月でメディアに取り上げられ始め、月間150万ページビューのサイトに成長。2015年にブログが書籍化され、Amazonランキング全米1位のベストセラーに。現在、世界5か国で翻訳出版されている。フィンランドでサウナに出会い、サウナに魅了されて以来、日本とフィンランドでサウナをめぐるようになり、フィンランドとサウナについての著書『週末フィンランド　ちょっと疲れたら一番近いヨーロッパへ』(大和書房)を出版し、好評を得ている。サウナ・スパ健康アドバイザー資格取得。フィンランド観光局公認フィンランド・サウナアンバサダーに任命される。その他スコット・マーフィーとの共著に『エンジョイ!クラフトビール　人生最高の一杯を求めて』(KADOKAWA)、最新刊に『HAVE A GOOD SAUNA 休日ふらりとサウナ旅』(いろは出版)がある。
http://www.ryokoiwata.com　Twitter @ilovecoffeejp　Instagram @ilovecoffeejp

企画編集
株式会社マーベリック
(大川朋子、奥山典幸)

編集協力
丸山亜紀

SPECIAL THANKS
サミュエル・サトシ
池田浩明
桑原りさ
坂尾篤史
スコット・マーフィー
山下敦子
アルバート・桑野
ムーキ・ブルーズ
ジェイソン・コウラー
ジョン・チェインバーズ
今村高駒
北濱澄子
北野憲

※本書に掲載されている情報は2020年10月現在のものです。情報は変更になる場合がございます。

コーヒーがないと生きていけない!
毎日がちょっとだけ変わる楽しみ方

2020年11月30日　第1刷発行
2021年 7月 5日　第3刷発行

著　者　岩田リョウコ
発行者　佐藤 靖
発行所　大和書房
〒112-0014　東京都文京区関口1-33-4
電話　03(3203)4511
デザイン　APRON(植草可純、前田歩来)
イラスト　岩田リョウコ
写　真　岩田リョウコ
編　集　藤沢陽子(大和書房)
校　正　松田昌子
カバー印刷　歩プロセス
本文印刷　光邦
製本所　ナショナル製本

ISBN978-4-479-78522-4

http://www.daiwashobo.co.jp